U0470724

教育部国别和区域研究系列丛书
北京语言大学国别和区域研究院
丛书主编：罗 林

中东地区智库研究

RESEARCH OF THINK TANKS IN THE MIDDLE EAST

王晓丽◎著

时 事 出 版 社
北 京

图书在版编目（CIP）数据

中东地区智库研究 / 王晓丽著 . —北京：时事出版社，2020. 12

ISBN 978-7-5195-0394-9

Ⅰ. ①中…　Ⅱ. ①王…　Ⅲ. ①咨询机构—研究—中东
Ⅳ. ①C932. 837

中国版本图书馆 CIP 数据核字（2020）第 261095 号

出 版 发 行：时事出版社
地　　　址：北京市海淀区万寿寺甲 2 号
邮　　　编：100081
发 行 热 线：（010）88547590　88547591
读者服务部：（010）88547595
传　　　真：（010）88547592
电 子 邮 箱：shishichubanshe@ sina. com
网　　　址：www. shishishe. com
印　　　刷：北京朝阳印刷厂有限责任公司

开本：787 × 1092　1/16　印张：10. 5　字数：155 千字
2020 年 12 月第 1 版　2020 年 12 月第 1 次印刷
定价：78. 00 元

“本成果受北京语言大学校级项目资助（中央高校基本科研业务费专项资金）（19YBB30）”，英文标注名称为“This research project is supported by Science Foundation of Beijing Language and Culture University (supported by “the Fundamental Research Funds for the Central Universities”) (Approval number 19YBB30)”

本书是教育部国别和区域研究基地北京语言大学阿拉伯研究中心2020年度成果

目录 Contents

第一章 绪 论

智库（Think Tank）又称“思想库”，最早出现在第二次世界大战前的欧美国家。在智库发展的早期阶段，其主要职能是向决策者提供建议，目标并非直接影响国家决策，而是向决策者和公众指出不同政策选择背后的潜在影响后果。① 随着国内社会环境的变化和国际格局的日益复杂，政府在制定决策的过程中需要更多的外部智力成果支持，智库的功能随之发生变化。当代智库是公共政策研究的分析和参与机构，通过对国内外各种问题做出政策导向的研究、分析和建议，使政策制定者和公众对公共政策问题做出明智的决定。② 在当今复杂多变的全球格局中，智库不仅是国家软实力和国际话语权的重要塑造者，也是国家治理体系和治理能力的重要组成部分。纵观西方社会近500年的发展历史可知，几乎每一个强大国家的崛起和发展进程，都伴随着该国具有国际影响力的智库机构的发展，二者之间相互影响、相互促进。从昔日荣耀无比的大英帝国到今日称霸全球的美利坚合众国，大国的崛起与其强大的智库体系息息相关，智库建设的能力与水平对标一个国家的国际地位，而国家的综合实力又为智库的良性发

① Donald Abelson, “Think Tanks and U. S. Foreign Policy: An Historical Perspective,” U. S. Foreign Policy Agenda: An Electronic Journal of the U. S. Department of State, Vol. 7, No. 3, November 2002, p. 10.

② James G. McGann, “Global Go To Think Tank Index Report 2018”, p. 15, https://repository.upenn.edu/think_tanks/16/.

展提供有力支撑。作为全球智库建设的标杆，美国智库数量众多、体系完善、成果丰硕，为确保美国的全球领导力和世界影响力源源不断地输出思想产品。

第一节　研究背景

随着中国对外开放力度的不断加强和国际地位的持续提高，中东地区（Middle East）已经逐渐成为中国的“大周边”地区和大国关系的支点地区。“一带一路”倡议沿线的国家中，中东地区国家就有 13 个，比例达 20%。特别是海湾地区的沙特阿拉伯、阿联酋、科威特、卡塔尔、巴林、阿曼 6 国，既是全球主要的油气生产国，又是中国的重要能源供应国、国际贸易伙伴国和海外市场国；土耳其、伊朗、以色列等中东地区的非阿拉伯国家，在中东地区的格局变化中发挥着重要作用。由于特殊的地理位置和大国因素的掣肘，中东地区长期以来无法摆脱战争和冲突的困扰，热点问题层出不穷，中东剧变的震荡波延续至今，地区局势动荡，引发人道主义、恐怖主义等诸多次生问题。作为“一带一路”倡议沿线重要地区，中东地区既是中国对外政策关注的重点地区，又是影响中国经济安全和社会稳定的重要区域。中东地区智库研究是中国国别和区域研究中相对薄弱的领域，加强对中东地区智库的研究，摸清底数，了解特点，提升中国与中东地区智库合作的层次和水平，也是“一带一路”倡议顺利实施的重要保障。

2015 年 1 月 20 日，中共中央办公厅、国务院办公厅印发了《关于加强中国特色新型智库建设的意见》，党的十九大报告中又专门提出“加强中国特色新型智库建设”。目前，我国的智库建设虽然起步较晚，但是近年来发展迅速，形成包括党政军及社科院系统智库、高校智库、科研智库、单位和企业智库以及民间智库等不同类型智库在内的完整体系，对国外智库的研究和借鉴成为国内智库建设的一个重要研究议题。从国内已经出版的关于智库研究的《美国思想库及其对华政策研究》《海外智库——世界主要国家智库考察报告》《大国智库》《欧美大国智库研究》等专著中不难看出，国内学术界对国外智库研究的关注点主要集中在欧美等发达国家和地区的智库上，这也与中国国际问题研究领域长期以来重视大国、关注重点区域的传统相一致。

中东地区作为中国对外开放战略的重要落地区域，域内智库在推进中国与中东地区合作交流方面发挥着独特的作用。但是，与对欧美大国和地区智库的研究相比，国内学术界关于中东地区智库的研究成果不多，与中东地区智库的交流合作也不如与欧美大国和地区的智库频繁。智库合作既是推动人文交流的重要枢纽，也是消除国际社会对中国相关政策误读的有效发声渠道。中东地区是“一带一路”沿线重要区域，目前国内学术界对中东地区的智库重视程度不高，关注度和研究力度需要进一步加强，应在深入了解的基础上充分利用好智库交流途径，推动“一带一路”倡议的顺利实施。

第二节 研究意义

一、理论意义

智库建设日益成为各国政府提高决策水平和治理能力的重要途径，而智库研究在近几年成为国内学术界的热点，但是目前的研究主要集中于欧美发达国家的智库体系，对中东地区智库的总体研究较少。在中国日益走向世界舞台中央、智库建设成为当下中国软实力建设重要组成部分的背景下，强化对全球不同区域智库发展状况的研究具有非常重要的理论意义。鉴于中国与中东地区交往的历史渊源，中国学术界对中东问题的研究多聚焦于巴以冲突、伊朗核问题、中东剧变后的地区秩序变革、叙利亚内战等领域。“一带一路”倡议提出后，中东地区的智库研究成为中国学术界关于中东问题研究的一个新议题。深入开展中东地区的智库研究，能够进一步丰富中国中东问题研究的内容，同时智库交流合作机制的探讨也能够为加强中国与中东地区国家的交流合作发挥支持作用。

二、现实意义

本书对中东地区相关国家针对“一带一路”倡议的反馈和舆情动向进行追踪研究，其中智库因为具有服务决策咨询的功能，因而成为反映一国政治动态和社会生态的晴雨表。本书以中东地区相关国家的智库为切入点，对其发展概况、组织模式、研究重点、重要学者等方面进行研究，评估相关国家对“一带一路”倡议的政策倾向，判断我国相关合作项目落地的可能性，并有计划、有目标地选择“一带一路”倡议的合作领域和伙伴，进而辅助“一带一路”倡议的落地。

此外，通过对中东地区的智库研究，发现中东地区对华态度友好的相关智库，加强中国与中东地区智库的交流沟通，并通过上述智库的学者及媒体的影响力，做好“一带一路”倡议的海外宣传，以便于沿线国家民众更好地理解和接受“一带一路”倡议，发挥智库在推动民心相通方面的独特作用。

第三节　研究内容

其一，厘清中东地区的智库底数，确定其中影响力较大的智库，为国内学术机构开展国际学术合作推荐重点目标，提升国际合作的效果。

其二，通过对中东相关智库运行机制及研究成果的深度分析，挖掘“一带一路”沿线国家特别是其中所涉及的中东国家对“一带一路”倡议的态度。

本书的主要内容共分为8章，分别为绪论、中东地区智库的发展特点、海湾地区的代表性智库、沙姆地区的代表性智库、北非地区的代表性智库、中东地区非阿拉伯国家的代表性智库、“一带一路”倡议与中东地区智库的交流以及思考。

第一章，绪论。主要对研究背景、研究意义、研究内容、概念界定、文献综述和研究方法等进行介绍。本章提出研究的核心问题——进入新时代，“一带一路”倡议成为中国对外政策的重要组成部分，国内学术界需要加强对其沿线重点区域中东地区的智库的研究，并围绕核心问题，依据研究思路设计研究框架。在概念界定部分，内容包括中东的概念、智库的界定和分类。中东是一个与“欧洲中心论”相关的词汇，相比远东和近东而言，明确中东的地理范围，是确定研究报告中的研究对象的基础，也是进行智库选择和对比研究的依据。关于智库定义，不同国家的历史传承、政治文化各不相同，因此国内外学术界对智库的定义分歧较大，关于智库的分类方式也各有特点。中东地区有22个阿拉伯国家和3个非阿拉伯国家，地域上包括西亚、北非两大片区，各国差异性较大，笔者选择按照附属性质对中东地区的智库进行研究。文献综述部分主要对近年来国内外学者关于中东地区的智库研究所取得的成果进行梳理与分析，发现存在的不足和需要深入研究的内容，明确全书的研究重点。

第二章，中东地区智库的发展特点。主要对2013—2018年《全球智库指数报告》（*Global Go to Think Tank Index Report*）中所涉及的中东地区智库的相关内容进行梳理、对比和分析，研究中东地区智库的总体发展状况、地区和国别分布状况，以及进入年度“中东和北非地区最佳智库榜单”前10名的智库情况。本章以数据研究为主，在对数据进行分类统计和对比的基础上，分析数据变化所体现的趋势特点以及引发变化的主要原因。

第三章，海湾地区的代表性智库。主要对海湾地区共计8个国家的智库的总体发展情况进行分析，从中选择比较有代表性的海湾地区大国沙特阿拉伯作为国别研究的案例，对其国内相关智库的发展历程、机构设置、研究人员、研究议题、研究成果等进行分析。

第四章，沙姆地区的代表性智库。主要对沙姆地区共计 4 个国家智库的总体发展情况进行分析，从中选择比较有代表性且政局相对稳定的约旦和黎巴嫩作为国别研究的案例，对相关智库的发展历程、机构设置、研究人员、研究议题、研究成果等进行分析。

第五章，北非地区的代表性智库。主要对北非地区共计 8 个国家智库的总体发展情况进行分析，从中选择比较有代表性的地区大国埃及和“北非花园”摩洛哥作为国别研究的案例，对相关智库的发展历程、机构设置、研究人员、研究议题、研究成果等进行分析。

第六章，中东地区非阿拉伯国家的代表性智库。主要对以色列、土耳其和伊朗 3 个非阿拉伯国家智库的总体发展情况进行分析，从中选择比较有代表性的伊朗作为国别研究的案例，对其国内相关智库的发展历程、机构设置、研究人员、研究议题、研究成果等进行分析。

第七章，“一带一路”倡议与中东地区智库的交流。主要研究“一带一路”倡议提出后，中东地区智库与中国的合作情况，以及中东地区智库围绕“一带一路”倡议开展的相关研究。合作形式包括签署合作协议、成立合作机构、举办国际会议、机构互访交流等。关于“一带一路”倡议的研究，透过相关国家智库的研究成果，了解智库所在国对“一带一路”倡议的态度，为“一带一路”倡议的有效推进提供学术支持。

第八章，思考。对中东地区的智库研究进行系统总结与思考，探索未来深入研究的路径与重点。

第四节　概念界定

一、中东地区的概念

中东地区地处联系亚非欧三大洲、沟通大西洋和印度洋的枢纽位置，包括欧洲以东并介于远东和近东之间的地区，属于“欧洲中心论”词汇。具体而言，中东地区是指地中海东部与南部区域，从地中海东部到波斯湾的大片地区。中东的范围几乎涵盖整个西亚地区，并包含部分北非地区，一般来说包括巴林、埃及、伊朗、伊拉克、以色列、约旦、科威特、黎巴嫩、阿曼、卡塔尔、沙特、叙利亚、阿联酋和也门等国家。另外，巴勒斯坦、马格里布国家（阿尔及利亚、利比亚、摩洛哥、突尼斯、毛里塔尼亚）以及苏丹和索马里也属于中东地区。塞浦路斯地理上属于中东地区的一部分，但其自认为属于欧洲。中东地区是欧洲经北非到西亚的咽喉和枢纽，是联系东西方的要道，更是当今政治、经济和军事最敏感的地区之一。① 除了地缘上的重要性之外，中东地区还是全球最重要的石油和天然气产地，对全球能源市场的供应和稳定起到决定性作用。因此，中东地区一直是大国争霸和博弈的战场，单个国家的问题往往与区域和国际因素密切相关。

二、智库的概念

智库源起于美国，经过数十年的发展，已经成为全球政策咨询领域比较活跃的行为体和参与者。由于智库的多样性和灵活性，学术界关于智库的定义也有多种版本。关于智库的定义，最早可追溯到美国学者保罗·迪克森（Paul Dickson）于 1971 年出版的第一本关于智库的专著。书中从社会职能的角度对智库予以界定：“智库乃是一种稳定的、相对独立的政策研究机构，其研究人员运用科学方法，对诸多政策问题进行跨学科的研究，并在与政府、企业及公众密切相关的政策问题上提供咨询。”② 美国纽约城市大学的安德鲁·里奇（Andrew Rich）教授从智库的基本功能出发，

① “中东智库的现实特征与研究热点简析”，http://www.china.com.cn/opinion/think/2016-06/29/content_38773802.htm。

② Paul Dickson, *Think Tanks*, New York: Atheneum, 1971, pp. 1-3, 26-35.

将其定义为“一种独立的、无利益诉求的（non-interest-based）非营利性组织，它的产品为专业知识和思想理念，也主要借助这些来获取支持并影响公共政策的制定过程”。[①] 美国政治学家伯克兰（Thomas A. Birkland）将智库视作与政党、利益集团、媒体并列的影响决策的四大类非政府行为体之一。[②] 日本学者铃木崇弘认为，智库“是在民主主义社会中，非政策执行者运用学术的理论和方法，为保障在准确数据基础上的科学决策，开展有效性的政策建言、提案、政策评价和监督等工作，使政策制定过程中充满多元性和竞争性，促进市民参与政治”。[③] 目前学术界比较主流的观点认为：智库也称为思想库、智囊团，是指以公共政策为研究对象，以影响政府决策为研究目标，以公共利益为研究导向，以社会责任为研究准则的专业研究机构。智库发展水平反映了一个社会的开放水平、精英的活跃程度和一国的软实力；智库发展既能提高决策的科学化、民主化和法治化程度，扩大公众参与决策渠道，也能为国家发展和社会进步储备人才、创新思想、提供信息。在国外，智库也被称为继立法、行政、司法、媒体之外的“第五种力量”。[④]

美国宾夕法尼亚大学的《全球智库指数报告》中对智库的定义比较宽泛：智库是进行公共政策研究、分析和交流的组织，对国内和国际问题提供政策导向型的研究分析和建议，旨在使决策者和公众就各种公共政策问题做出有根据的决定。智库是附属的或独立的常设机构，而非临时性的特设组织。这些机构经常作为学界与决策圈之间以及国家和公民社会之间的桥梁，为把应用研究和基础研究转化成能被决策者和公众所理解的、可靠

---

① Andrew Rich, *Think tanks, Public Policy, and The Politics of Expertise*, Cambridge: Cambridge University Press, 2004.

② Thomas A. Birkland, *An Introduction to the Policy Process: Theories, Concepts, and Models of Public Policy Making*, 3rd edition, New York: M. E. Sharpe, 2011, pp. 142 – 146.

③ ［日］铃木崇弘著，潘郁红译：《何谓智库》，社会科学文献出版社 2018 年版，第 61 页。

④ 周宏春：“中国智库的内涵和现状”，https://www.sohu.com/a/201512460_256721。

和可用的语言或形式，并服务公共利益而独立发声。①

上述国外学者关于智库定义的侧重点虽各有不同，但其共性之处在于智库以提供思想成果的方式服务决策，具有一定的独立性。本书的主要研究对象为中东地区的各类智库，现有文献中并无关于中东地区智库的明确定义。从中东地区的实际情况及欧美地区智库运行实践出发，笔者认为中东地区的智库主要是指拥有稳定资金来源和高层次学者，从事中东地区政治、社会、经济等各领域重大问题研究，并对中东地区各国政府决策产生一定影响力的政府或非政府组织。

三、智库的类型

智库起源于美国并逐渐发展出完善的体系，但是各国的分类标准有所不同。《美国思想库及其对华倾向》中根据美国智库的不同特性对其进行了分类，共分为六大类。一是按照起源分类，可分为某些大富豪出资建立的智库；由政府组织、资助成立的智库；由社会中“志同道合”的力量倡议、集资而建的智库；由离任总统或者为纪念某个政治人物而设立的智库。二是按照规模分类，可分为小型智库、中型智库、大型智库。三是按照资金来源分类，可分为政府资助型（合同型）智库和通过社会力量获得资金的智库。四是按照隶属关系分类，可以分为独立的民间研究机构；依附于政府、接受政府或其所属部门的委托进行研究的机构；依附于大学的研究机构；党派隶属的研究所。五是按职能性质分类，可分为学术型智库、政府合同型智库、政策鼓吹型智库。六是依据政治倾向分类，可分为自由派智库、保守派智库和中间派智库三类，其中中间派又大体分为中—左、中—右等流派。②

① McGann, James G., *Global Go To Think Tank Index Report 2017*, p. 8, http://repository.upenn.edu/think_tanks/13/.

② 现代国际关系研究所：《美国思想库及其对华倾向》，时事出版社 2003 年版，第 26—38 页。

美国宾夕法尼亚大学的《全球智库指数报告》中按照智库的附属情况将其划分为7种类型：(1) 自治和独立型智库：独立于任何利益集团和捐赠者，自主运作，没有政府资助的智库；(2) 准独立型智库：不受政府控制，但受控于向其提供大部分资助并对其运作有重大影响的某个利益集团、捐赠者、签有合同的用户的智库；(3) 附属于政府的智库：列入政府正式组成部分的智库；(4) 准政府型智库：由政府专门提供资助和研究合同，但并未被列为政府正式组成部分的智库；(5) 附属于大学的智库：大学里的政策研究机构；(6) 附属于政党的智库：正式附属于某个政党的智库；(7) 企业型（营利性）智库：营利性的公共政策研究机构，隶属于某个企业或单纯以营利为目的进行运作的智库。[①]

英国作为欧洲智库的发源地，其智库分类方式具有鲜明的特色。英国诺丁汉大学的学者马克·加内特（Mark Garnett）和安德鲁·邓哈姆（Andrew Denham）在《英国智库和舆论环境》一书中，将英国智库分为合同型研究机构、政策推销型智库和没有围墙大学三种类型。第一类主要通过与政府机构和私人出资者签订合同，在此基础上从事研究并提供服务；第二类大多数出现于20世纪70年代，通常由私人或者民间团体创立，有着强烈的政策主张和政党倾向，注重政策的推销和政策的辩论；第三类主要为政府提供专业的政策支持，包括一些大型的政策研究机构。[②] 欧洲大国德国是智库历史最为悠久的国家之一，其第一家智库是成立于1908年的汉堡世界经济档案馆。德国智库分为学术型智库和代言型智库两大类。其中学术型智库包括政府智库、学会智库和高校智库；代言型智库包括极具德国特色的亲政党政治基金会和利益集团创办的智库。[③]

除了上述智库分类方式外，还有按照功能将智库分为政治智库、军事

---

① McGann, James G., *Global Go To Think Tank Index Report 2017*, p.9, http://repository.upenn.edu/think_tanks/13/.

② 袁莉莉、杨国梁："英国智库概况及对我国智库建设启示"，《社会科学文摘》2016年第5期。

③ 刘潇潇："德国智库的运营机制及启示"，《中国社会科学评价》2017年第2期。

智库、经济智库、外交智库等；按照智库的规模分为大型智库、中型智库和小型智库等。中东地区国家体制及发展程度差异性较大，既有君主制的海湾国家，又有2017年改为总统制和议会制的土耳其，因此智库在各国的定位、作用和分类标准都不尽相同。

由于目前关于中东地区智库研究可供参考的成果不多，因此参考美国智库的分类方式，结合中东地区的具体情况，以《全球智库指数报告》中上榜的中东地区智库为基础，可将中东地区的智库主要分为官方智库、高校智库、媒体智库、民间智库和国际合作智库五大类型。其中官方智库指中东地区相关国家的政府通过立法或者行政组织条例组建的存在于政府体系内部，为各级政府部门领导层提供决策服务的智库机构，如阿联酋战略研究中心、埃及外交事务委员会等。高校智库指附属于中东地区各国大学的各类研究所、研究院和研究中心，如约旦大学战略研究中心、以色列特拉维夫大学国家安全研究所等。媒体智库指隶属于中东地区相关知名媒体的智库机构，如卡塔尔半岛电视台下属的半岛研究中心、埃及《金字塔报》下属的埃及金字塔政治和战略研究中心等。民间智库指由民间出资组织并体现民间声音或者政策需求的公共政策研究机构，其组织上独立于其他任何机构，经费自筹，如约旦的阿拉伯思想论坛、土耳其的自由思想协会等。国际合作智库主要指欧美国家和地区的知名智库在中东地区建立的分支机构，如卡塔尔的布鲁金斯学会多哈中心、黎巴嫩的卡耐基中东中心等。

第五节　文献综述

智库作为独立的公共政策研究机构，在各个国家的内政和外交事务中均发挥着重要的作用。因此，中东地区智库研究在了解中东地区相关国家的内政与外交方面同样发挥着“晴雨表”的作用。

上海外国语大学学者杨阳在《中东非阿拉伯国家智库研究》一书中，

集中介绍了作为中东地区非阿拉伯国家的以色列、土耳其和伊朗的智库发展情况，从智库概况、发展现状与特点、对外交政策的影响三个维度对这三个非阿拉伯国家的主要智库进行了研究；另外，还专题研究了"一带一路"倡议背景下三个国家的智库与中国的合作，分析了双方合作的主要形式及其相互研究，但是涉及"一带一路"倡议研究的板块内容不多。该书是国内关于中东地区智库研究的唯一专著，但是并没有涉及中东地区有关阿拉伯国家的智库情况。

涉及中东地区智库研究的内容散见于各类图书、论文及网络的零星报道中，以基本情况介绍为主，《世界各国智库研究》和《海外智库——世界主要国家智库考察报告》中虽有所涉猎，但内容仍以美国和欧洲等地的世界知名智库为主，介绍中东地区智库的内容不多。河南大学张倩红主编的《以色列蓝皮书》中每年均有以色列智库的专题研究内容，对以色列智库的研究重点、代表性智库以及以色列与中国的合作进行年度追踪分析。以色列智库长期形成的鲜明特色是密切关注国家的地缘政治环境、生存危机及外交动向，紧扣时事热点发表观点，彰显其影响力。

在涉及中东地区智库总体研究的论文中，李意在 2016 年第 4 期《西亚非洲》上发表的《阿拉伯国家智库：发展态势与特点》一文中，按照海湾地区、沙姆地区和北非地区的区域划分法，从每个地区的每个国家选择了一所具有代表性的智库进行介绍，重点研究基于不同国家发展特色的智库建设特点，但是并没有从宏观视角对阿拉伯国家智库在世界上的整体发展水平进行评价分析。

马微在《阿拉伯国家智库发展现状及特点》和《阿拉伯国家智库对外交政策的影响》两篇文章中，对阿拉伯国家智库的总体发展特点及其影响外交政策的途径进行了分析，但是没有对其中有代表性的智库进行案例研究。

在中东地区的国别智库研究中，王佳尼在 2019 年第 1 期《阿拉伯世界研究》上发表的《当代土耳其智库的发展及其影响》一文中，对土耳其智库的历史演变、特点及分类、政策影响方式、对中土关系的影响等进行了研究。杨阳在2018年第1期《新丝路学刊》上发表的《“一带一路”背景下的以色列智库研究》一文中，研究了以色列智库的概念和特点、对外交政策的影响以及“一带一路”倡议下中国与以色列智库的合作等内容。王振容在2017年第5期《阿拉伯世界研究》上发表的《当代伊朗智库的发展及其对外交决策的影响》一文中，对伊朗智库发展的历史进行了回顾，介绍了当代伊朗智库的发展及其特点、对外交政策的影响以及中国与伊朗智库的合作。中国人民大学重阳金融研究院自2016年以来发表了《透过伊朗高访看中国智库外交》《官学合作，构建新型智库外交模式——亲历中国伊朗“一带一路”智库对话》和《应多与非西方国家智库交往》等文章，着重分析中伊智库合作的可能性与必要性，并对加强双方的交流合作提出建议和设想，但是并未对伊朗的智库进行深入的研究分析。此外，王灵桂在《国外智库看“一带一路”》一书中，则收录了土耳其国际战略研究组织在“一带一路”倡议背景下对中国与周边国家外交互动情况的关注。其中，印巴关系、中印关系、印日关系、中巴关系，以及中国同中亚各国、中国同东盟各国、中国同土耳其、中国在“一带一路”背景下同欧美各国的外交进程等都是该智库关注的重点。

罗伯特·纳乌斯·奥古斯特（Robert Naouss August）在《重新定义智库在变动中的中东世界中的作用》一文中强调了在中东剧变后智库应该发挥的作用。

从2007年起，美国宾夕法尼亚大学连续发布年度《全球智库指数报告》，持续关注各国智库在全球治理中发挥的重要作用及发展趋势。该报告聚焦中东地区相关国家智库的排名和指标体系，这也是目前全球范围内对中东地区智库的总体发展进行连续研究的代表性指标，具有重要的参考价值。《全球智库指数报告》侧重于指标评价体系，因此并没有对中东地区的智库进行案例研究，但是为研究者寻找中东地区有代表性的智库提供了路径。

从目前国内外的文献综述来看，针对中东地区的智库研究体现出非常明显的特点：一是集中于地区智库的整体发展情况，侧重于宏观维度的描述；二是在22个阿拉伯国家和3个非阿拉伯国家中，除了关于以色列、土耳其两国的智库有较多研究成果外，对大部分阿拉伯国家的智库建设情况缺乏研究；三是对“一带一路”倡议背景下中东地区智库的认知偏好及对所在国家的政策影响未进行系统分析研究。

因此，本书在前人研究的基础上，对中东地区的智库发展整体状况进行宏观分析，并通过对2013—2018年连续6年《全球智库指数报告》中的指标的分析，构建中东地区智库发展状况的全景图。在此基础上，本书对中东地区部分国家的代表性智库进行深度分析，从历史沿革、机构设置、研究人员和研究成果等进行微观研究，梳理具体国别智库的研究重点，总结不同类型国家智库的特点。最后，对“一带一路”倡议提出后中东地区的智库与中国相关机构的合作进行研究，分析这些国家的智库对于“一带一路”倡议的态度，为“一带一路”倡议在中东地区的顺利推进提供学术支持。

第六节　研究方法

对中东地区智库发展的总体状况进行研究；通过互联网和图书资料等收集英语、阿拉伯语、法语等多语种的研究资料，进行翻译整理；对初步筛选出的智库进行案例研究，关注其历史沿革与现状、重点研究领域、代表性研究人物和研究成果等方面内容；对“一带一路”倡议提出后中东地区的智库与中国的合作进行研究，梳理合作的路径与方式；对中东地区的智库对于“一带一路”倡议的态度进行专题分析。

一、文献分析法

通过国家图书馆、中国知网等渠道，获取涉及世界智库及中东地区智库研究的相关图书和论文资料，了解国内外学界关于中东地区智库研究的现状。主要参考文献为《全球智库指数报告》（2013—2018 年英文原版）以及《国外人文社会科学机构手册》《以色列蓝皮书》《中东黄皮书》《阿拉伯发展报告》和《国外智库看“一带一路”》系列丛书等。

二、互联网信息采集法

通过互联网查找中东地区相关智库网站的公开资料进行翻译，并搜集有关统计数据。

三、问卷调查法

通过向中东国家驻华使馆工作人员以及在京外教、留学生等人员发放问卷的方式，确定拟研究的中东地区智库的名单，避免确定研究对象的盲目性和随意性。

四、定量与定性结合法

在对挑选出的中东地区的智库进行分析的基础上，对其中的数据进行分析统计，研究其发展规律和趋势。

总而言之，本书的研究对象为中东地区的智库，重点内容包括中东地区智库的发展状况分析、地区代表性智库研究以及对“一带一路”倡议的研究成果和观点态度。本章论述了相关研究的背景、意义、内容；对中东地区的地理概念进行界定，梳理学术界关于智库的概念，明确了本书中所使用的中东地区智库的概念；介绍了智库分类的标准和依据，并根据智库发源国美国的智库分类标准，确定本书关于中东地区国别智库案例研究的分类方式。在文献综述部分，对国内外学者关于中东地区智库的研究情况进行梳理，发现研究中需要深入拓展的领域和重点，并在此基础上确定本书的研究方法。

第二章 中东地区智库的发展特点

中东地区共包括25个国家，其中有22个阿拉伯国家和3个非阿拉伯国家，区域内使用的主要语言涉及阿拉伯语、法语、希伯来语、土耳其语、波斯语等多个语种，此外各国还有各自通用的方言。中东地区的25个国家中，既包括以沙特阿拉伯、科威特、阿联酋为代表的海湾地区产油富国，也包括也门、苏丹等长期动荡的欠发达国家，还有现代化程度较高的以色列等国家，国家间的综合实力和发展程度差异性较大。因此，中东地区各国的智库规模、发展水平呈现不均衡的特点，研究内容各有侧重，影响效度不一。在中东地区国别差异性较大的前提下，开展全域范围内的智库研究并非易事；此外，受制于中东地区多语种因素的影响，获取相关国家的第一手资料比较困难，而且国内关注中东地区智库的学者不多，相关研究成果明显少于针对美国、欧洲等发达国家和地区智库的研究。虽然笔者通过线上线下等多种渠道收集关于中东地区智库的研究材料，但是与欧美的智库研究相比，有关中东地区智库研究的中外文资料数量有限，开展深入研究难度较大。从目前能够获取的文献资料分析，美国宾夕法尼亚大学发布的年度《全球智库指数报告》中涉及中东智库的研究内容具有一定的连续性，此外中东地区有关国家的部分智库网络化程度较高，均建立专门的网站对智库的发展状况进行全面介绍。因此，《全球智库指数报告》及相关智库的官网信息是本书主要外文研究参考素材来源。

第一节　《全球智库指数报告》与中东地区智库

一、《全球智库指数报告》的发展历程

2006 年，美国宾夕法尼亚大学沃顿中国中心“智库与公民社会研究”项目组（TTCSP）负责人詹姆斯·麦甘博士（James G. McGann）主持启动全球智库（早期译为“思想库”）调查，并逐步形成一套特有的智库评价流程，即：每年春季，项目组向项目资料库中的专家学者及其他感兴趣的公众发送邮件，邀请他们登录项目组网站，推荐有资格参加“国际咨询委员会”（International Advisory Committee）的人员名单及联系方式。此后，项目组向“国际咨询委员会”成员发出提名邀请，请他们按照若干类别对每个类别中他们认为能够排在前 25 名的智库进行提名。项目组在汇总“国际咨询委员会”的提名结果后，会向“专家小组”（Expert Panelists）发送所有被提名为顶级智库的候选机构的汇总资料，并邀请“专家小组”参考项目组提供评价指标，对上述经筛选后的顶级智库候选机构进行分类排名、确认和调整，并在每年年底确定各个类别的最终排名。目前，项目组确定的年度评价指标分为 4 个方面：（1）资源指标：吸引与留住领先学者和分析专家的能力；财务支持水平、质量和稳定性；与政策制定者和其他政策精英的关系；研究人员开展严谨的研究、提供及时和精准分析的能力；机构筹集资金的能力；网络的质量和可靠性；在政策学术界的重点联系渠道以及与媒体的关系。（2）效用指标：在智库所在国的媒体和政治精英中的声誉；媒体曝光与被引用的数量和质量；网站的点击率；提交给立法和行政机构专家的听证材料的数量和质量；政府部门的简报；政府任命情况；相关书籍的销售量；研究报告的传播情况；在学术刊物与大众出版物上的文章被引情况；举办会议的参加情况；组织召开的研讨会。（3）产出指标：政策建议与创新理念的数量和质量；出版物（包括图书、期刊文

章、政策简报等）的状况；新闻采访情况；会议和研讨会的组织情况；所属人员被任命为顾问或在政府部门任职的情况。（4）影响力指标：政策建议被决策者和社会组织采纳的情况；网络的用户黏度状况；在政党、竞选人、过渡团队中起到的咨询作用；获得的荣誉；在学术期刊、公共政策和媒体关注的政策辩论会上的成果；资源列表和网站的优势；成功挑战传统智慧；在政府运转和民选官员中的作用。

从 2007 年起，项目组开始连续发布年度《全球智库指数报告》，持续关注各国智库在全球治理中发挥的重要作用及发展趋势。可以说，《全球智库指数报告》相当于对全球智库总体发展情况的年度普查结果，按照 30 多个榜单对全球智库年度前 30 名或前 100 名进行分类排名。《全球智库指数报告》问世后，一直受到国内外学术界的高度关注，项目组在每年发布的报告中均对当年智库遴选及评价标准和方法途径进行说明，同时对比上年评选过程中出现的新变化及调整，但是在分项榜单中并未说明评价依据及得分情况。自《全球智库指数报告》问世以来，学术界对其权威性提出质疑，如项目组负责人詹姆斯·麦甘博士采取“主观整体印象评价法”，评价方法缺少客观性；研究力量有待充实；专家遴选机制有待规范化与透明化；报告中存在漏洞，评价存在前后不一致的现象等。①

虽然《全球智库指数报告》中存在一些问题和不足，但它涉及中东地区的智库研究，受制于中东地区阿拉伯国家的信息化建设能力、发布机制及语言等多种因素的影响，笔者认为《全球智库指数报告》是目前关于中东地区智库总体发展状况比较有代表性的研究成果。本章的数据主要来源于该报告的英文原文，笔者重点对 2017 年和 2018 年全球智库的总体发展状况进行对比分析，并在全球视角下研究中东地区智库的地位和作用。

---

① 中国社会科学院评价研究院课题组：《全球智库评价报告 2015》，http：//www. cssn. cn/xspj/qwfb/201806/t20180621_4373845_12. shtml。

二、全球智库总体情况

2018 年 1 月 30 日，美国宾夕法尼亚大学发布《全球智库指数报告 2017》。根据该报告的统计数据，2017 年全球共有 7815 家智库，其中，欧洲智库数量首次反超北美，跃居第一，共计 2045 家，占比为 26.2%；北美洲拥有智库 1972 家，占比为 25.2%；欧洲和北美地区集聚了全球半数以上的智库机构。值得注意的是，近年来亚洲、拉丁美洲、非洲、中东以及北非地区的智库数量呈现较为迅速增长的趋势。在智库数量上，亚洲紧随欧洲和北美洲之后，拥有 1676 家智库，占比为 20.7%；中南美洲拥有 979 家智库，占比为 12.5%；撒哈拉以南非洲地区拥有智库 664 家，占比为 8.5%；中东和北非地区的智库数量为 479，占比仅为 6.1%。①

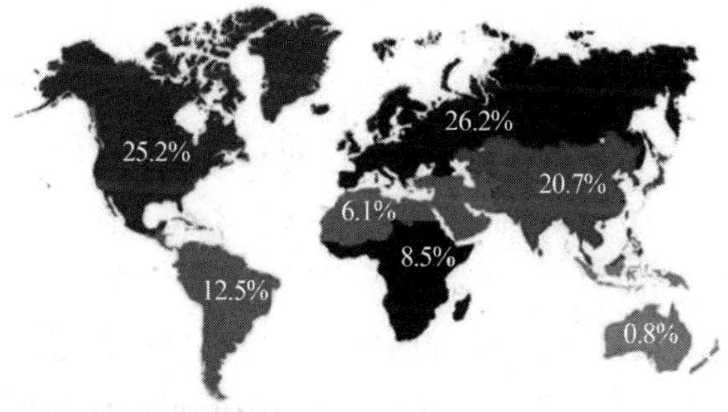

2017年
（1）北美洲人口为3.2亿，智库为1972家；
（2）欧洲人口为8亿，智库为2045家；
（3）中东和北非地区人口将近5亿，智库为479家。

图 2—1　2017 年全球智库分布图

资料来源：《全球智库指数报告 2017》，第 36 页，https：//think - asia. org/bitstream/handle/11540/8032/2017globalgotothinktankindex. pdf/。

2019 年 1 月 31 日，美国宾夕法尼亚大学发布的《全球智库指数报告 2018》中指出，2018 年全球共有 8248 家智库。欧洲智库数量继续反超北

① “《全球智库指数报告 2017》英文版发布”，http：//www. sohu. com/a/221061604_550962。

美，共计 2219 家，占比为 26.9%；北美洲拥有 2058 家智库，占比为 25%；亚洲拥有 1829 家智库，占比为 22.2%；中南美洲拥有 1023 家智库，占比为 12.4%；撒哈拉以南非洲地区拥有智库 612 家，占比为 7.4%；中东和北非地区的智库数量为 507 家，占比为 6.1%。[①]

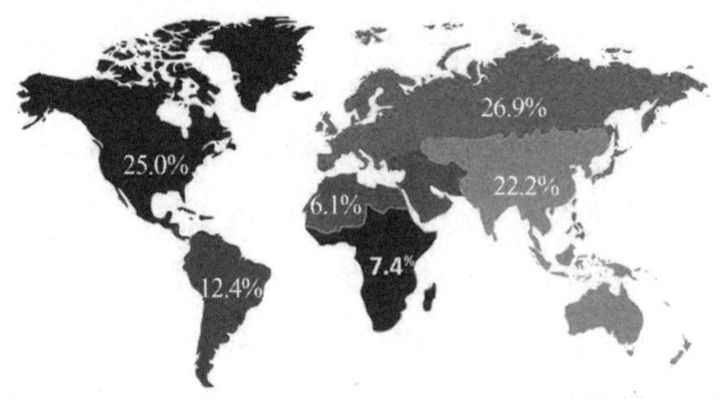

2018年
(1) 北美洲人口为3.2亿，智库为2058家；
(2) 欧洲人口为8亿，智库为2219家；
(3) 中东和北非地区人口将近5亿，智库为507家。

图 2—2　2018 年全球智库分布图

资料来源：《全球智库指数报告 2018》，第 38 页，https：//repository. upenn. edu/think_tanks/16/。

从 2017 年、2018 年两个年度的全球智库分布图中可以看出，欧洲和北美洲两大地区的总人口为 11.2 亿，智库总量为 4000 家左右，占据全球智库数量的一半左右；中东和北非地区总人口为 5 亿，智库总量为 507 家，仅占全球智库数量的 6.1%。中东地区由于特殊的地缘位置和丰富的能源储备，热点、难点问题高度聚集，历史难题和现实冲突交织，而且每年都会产生新的问题，可以说是研究国际问题的知名智库都必须密切关注的重要研究领域，自然而然就出现中东问题研究“长盛不衰”的现象。就中东地区面临的发展困境和现实挑战而言，基于错综复杂的国际形势和矛盾叠加的地区问题，各国政府的治理均需要智库的智力支持，域内国家对智库建设有较强的需求，但是目前的智库数量与规模同中东地区的研究需求存

① James G. McGann, *Global Go To Think Tank Index Report 2018*, p. 38, https：//repository. upenn. edu/think_tanks/16/.

在错位，中东地区比较有影响力的智库也是凤毛麟角。智库的建设能力和水平是评价一个地区和国家综合实力的重要参考指标，而通过 2017 年和 2018 年两个年度全球智库总量的数据对比不难发现，中东地区的智库与欧美地区的智库在数量上存在较大差距，折射出智库的总体发展状况与区域内国家自身发展状况间的密切关系。

三、美国关于中东问题研究的智库特点

美国和欧洲作为全球智库发展水平最高的两大区域，智库建设体系完备，智库数量众多，知名智库运作模式成熟、经费充足、人才辈出，为美国和欧洲在国际社会发挥强大的影响力提供了有力支撑。美国和欧洲都设置了专门研究中东问题的智库，特别是美国在中东有巨大的战略利益和石油利益，加之确保以色列的安全也是美国历任政府中东政策的重要考量，因此美国对中东问题研究高度关注，其国内的综合性国际问题智库均设有研究中东问题的部门，如美国中东政策委员会、美国中东研究所、美国战略与国际问题研究中心中东问题研究所、华盛顿近东政策研究所等。其中，美国中东研究所是美国国内为开展中东问题研究成立的最高级别和影响力最大的智库，研究领域涵盖从摩洛哥到巴勒斯坦的广大区域，议题包括石油危机、美国与中东关系、中东和平对话等。此外，美国众多高校中也设置了研究中东问题的专门机构，如哈佛大学中东研究中心、北卡罗来纳大学卡罗来纳中东和穆斯林文明研究中心等。据统计，美国各大学目前拥有 1400 多名全职中东问题专家，其中有不少人是各大智库的客座专家。从第二次世界大战结束至今，研究中东问题的美国智库就像“政府决策的外脑”和“影子内阁”，通过各种渠道将其意见渗透进决策圈，为美国历届政府的中东政策提供了决策参考，凸显了中东问题研究的重要性。

美国研究中东问题的智库非常注重复合型专家团队的建设，囊括了一大批高级外交官和有“实战经验”的军事与情报专家以及新闻工作者：布鲁金斯学会中东问题研究专家马丁·因迪克（Martin Indyk），曾任美国驻

以色列大使；美国中东研究所主任罗伯特·佩尔特罗（Robert Peltrault），曾任美国驻巴林、突尼斯、埃及大使，并出任过美国国务院助理国务卿，负责阿拉伯半岛事务；高级专家约瑟夫·恩格尔哈特（Joseph Engelhardt），曾任美国陆军战争学院中东研究室主任、美国国务院近东军事顾问、美国派驻埃及—以色列和平协议国际监督员，从事美军中东战略研究长达35 年之久；洛伊斯·克里奇菲尔德（Lois Critchfield），在美国中央情报局服务了27 年，在约旦、黎巴嫩、土耳其及海湾地区从事情报工作。美国战略与国际问题研究中心中东研究所高级研究员阿诺·博什格拉夫（Arnaud de Borcharave），在任美国《新闻周刊》军事记者的几十年中，报道了在中东地区爆发的18 场大小战争。[①] 除了美国本土的研究人员长期从事中东问题研究之外，美国知名智库还从中东地区大量招募专兼职研究人员，实现研究队伍的本土化配置。由于有专业机构和稳定的研究团队，美国智库对中东问题的反应非常迅速。如2010 年中东剧变后，布鲁金斯学会、兰德公司等多家智库旋即举行系列研讨会，就中东地区局势和未来走向进行研讨和预测，发布相关研究成果。此外，上述智库的专家学者还接受知名媒体访谈，发表观点，吸引公众关注，并引导舆论，为美国政府根据形势变化调整中东政策造势。

第二节　中东地区智库的分布特点

中东地区国家众多，智库建设和发展水平不等，因此研究中东地区智库的分布特点，需要从宏观层面了解整体数据，摸清底数，进而在此基础上综合分析。笔者结合中东地区相关国家智库的官网信息，以2013—2018 年《全球智库指数报告》为基准，对过去6 年中该报告连续公布的中东和

① “美智库上千专家研究中东”，http：//www. docin. com/p－575701441. html。

北非地区智库数量进行梳理，通过数据对比研究中东地区智库的分布特点。为便于分类统计，笔者在全书中将中东地区分为以下 4 个区域。

（1）海湾地区：[①] 沙特阿拉伯、阿联酋、科威特、卡塔尔、巴林、阿曼、也门、伊拉克；

（2）沙姆地区：[②] 黎巴嫩、叙利亚、巴勒斯坦、约旦；

（3）北非地区：埃及、阿尔及利亚、摩洛哥、突尼斯、利比亚、毛里塔尼亚、苏丹、塞浦路斯；[③]

（4）中东地区非阿拉伯国家：以色列、土耳其、伊朗。

表 2—1　2013—2018 年中东地区智库数量统计表

地区	国家	年度					
		2013 年	2014 年	2015 年	2016 年	2017 年	2018 年
海湾地区	沙特阿拉伯	7	7	4	4	8	10
	阿联酋	14	14	7	7	9	15
	科威特	11	11	14	14	15	16
	卡塔尔	10	9	7	7	14	15
	巴林	7	7	4	4	12	13
	阿曼	3	3	3	3	3	3
	也门	30	30	22	22	26	27
	伊拉克	43	42	31	31	30	32
	小计	125	123	92	91	117	131

① 海湾地区也称波斯湾，阿拉伯人称之为阿拉伯湾，是世界上最重要的内海之一。其位于亚洲西南部，向东通过霍尔木兹海峡与阿曼湾连接，出阿曼湾南口，通过阿拉伯海进入印度洋。

② 沙姆地区是阿拉伯世界对于地中海东岸的整个黎凡特地区或大叙利亚地区的称呼。

③ 塞浦路斯地理上属于中东地区的一部分，但因历史文化原因而更接近欧洲，2004 年 5 月加入欧盟。本书按照《全球智库指数报告》中的分类方式，将塞浦路斯纳入北非地区进行统计。

续表

地区	国家	年度					
		2013 年	2014 年	2015 年	2016 年	2017 年	2018 年
沙姆地区	黎巴嫩	27	27	19	19	27	28
	叙利亚	6	6	6	6	10	10
	巴勒斯坦	43	44	28	28	34	36
	约旦	40	40	21	21	26	28
	小计	126	127	74	74	97	102
北非地区	埃及	55	57	35	35	39	39
	阿尔及利亚	12	12	9	9	8	9
	摩洛哥	30	33	15	15	14	15
	突尼斯	39	38	18	18	20	21
	利比亚	4	4	2	2	2	3
	毛里塔尼亚	2	/	/	/	/	/
	苏丹	4	5	5	5	/	/
	塞浦路斯	6	11	6	6	6	6
	小计	152	160	90	90	89	93
中东地区非阿拉伯国家	以色列	55	56	58	58	67	69
	土耳其	29	31	32	32	46	48
	伊朗	34	34	59	59	64	64
	小计	118	121	149	149	177	181
总数		511①	521 ②	398③	398④	480 ⑤	507⑥

资料来源：本表格由作者在对英文数据进行翻译整理的基础上自行制作。

① McGann, James G. , *Global Go To Think Tank Index Report 2013*, p. 23, http://repository. upenn. edu/think_tanks/9/.

② McGann, James G. , *Global Go To Think Tank Index Report 2014*, p. 56, http://repository. upenn. edu/think_tanks/8/.

③ McGann, James G. , *Global Go To Think Tank Index Report 2015*, p. 33, http://repository. upenn. edu/think_tanks/10/.

④ McGann, James G. , *Global Go To Think Tank Index Report 2016*, p. 29, http://repository. upenn. edu/think_tanks/12/.

⑤ McGann, James G. , *Global Go To Think Tank Index Report 2017*, p. 40, http://repository. upenn. edu/think_tanks/13/.

⑥ McGann, James G. , *Global Go To Think Tank Index Report 2018*, p. 42, http://repository. upenn. edu/think_tanks/16/.

笔者按照海湾地区、沙姆地区、北非地区和中东地区非阿拉伯国家四大类型划分，目的不仅是从宏观层面研究每个地区的智库总体数量变化情况，而且从微观层面对各区域内相关国家的智库数量变化情况进行分析，并研判发生变化的原因。在分类统计过程中，笔者发现：2015 年度和 2016 年度《全球智库指数报告》的英文报告原文中公布的中东地区的年度智库总数为 398 家，而按照国别方式计算的总数则为 405 家；2017 年度《全球智库指数报告》的英文报告原文中公布的中东地区的年度智库总数为 479 家，而按照国别方式计算的总数则为 480 家。除这两组数据存在轻度偏差外，其他年度的数据全部吻合。每一年发布的《全球智库指数报告》中均没有提供中东地区每个国家的具体智库名单，因此对存在偏差的年度数据进行校正有一定难度，这也从侧面印证了学术界对该报告存在质疑的部分原因。[①] 但是在 2018 年度的《全球智库指数报告》中，课题组也明确提出增加了对历年报告中存在的谬误和遗漏进行反馈的板块，并尽其最大努力对从各种渠道收集到的 650 条意见和建议予以采纳。[②]

表 2—2　2013—2018 年中东地区智库数量年度统计表

数量	年度					
	2013 年	2014 年	2015 年	2016 年	2017 年	2018 年
	511	521	398	398	480	507

资料来源：本表格由作者在对英文数据进行翻译整理的基础上自行制作。

在以上 2013—2018 年连续 6 年中东地区智库数量的统计表中，从年度总体数量上分析，中东地区的智库数量具有显著特点，呈现出从 2013 年、

① 《全球智库指数报告》英文原文中此部分的内容，在地区上界定为“中东和北非地区”。笔者在进行地区划分时重新进行了划分，因此《全球智库指数报告》原文的“中东和北非地区”在本章为统一称为“中东地区”。

② McGann, James G., *Global Go To Think Tank Index Report 2018*, p. 28, http://repository.upenn.edu/think_tanks/16/.

2014年两个年度的最高值，到2015年和2016年两个年度的大幅度下降，再到2017年和2018年两个年度持续恢复的趋势。从2010年中东剧变至今已10年时间，中东地区的地缘政治格局发生了显著变化，在失序和动荡的总体形势下，域内国家间关系复杂多变，但地区局势已经从最初的剧烈动荡期进入局部动荡状态，智库数量的变化恰好印证了这一变化的历史过程。

表2—3　2013—2018年中东地区智库数量分区域统计表

地区	年度					
	2013年	2014年	2015年	2016年	2017年	2018年
海湾地区	125	123	92	91	117	131
沙姆地区	126	127	74	74	97	102
北非地区	152	160	90	90	89	93
中东地区非阿拉伯国家	118	121	149	149	177	181

资料来源：本表格由作者在对英文数据进行翻译整理的基础上自行制作。

从上述3个区域阿拉伯国家的智库数量上看，北非地区排名第一，沙姆地区排名第二，海湾地区排名第三。究其原因，北非地区的埃及是中东地区的人口大国，高等教育发达，为整个中东地区输送了大批高素质人才，其智库数量和建设水平在中东地区位居前列，从而使其在北非地区智库数量榜上排名第一。4个地区的分项统计数据体现出一个显著特点：过去6年中，海湾地区、沙姆地区和北非地区的智库总数，与整个地区智库数量的“总体高点→大幅下降→逐渐恢复”的趋势相一致，反映出上述区域受中东剧变的冲击较大，地区形势一直在发生动态变化和调整；与之形成鲜明对比的是，以色列、土耳其和伊朗3个中东地区的非阿拉伯国家的智库数量则一直保持强劲增长趋势，说明上述国家的整体政局受到中东剧变的影响不大。

表 2—4　2013—2018 年阿拉伯国家智库数量统计表

地区	国家	年度					
		2013 年	2014 年	2015 年	2016 年	2017 年	2018 年
海湾地区	沙特阿拉伯	7	7	4	4	8	10
	阿联酋	14	14	7	7	9	15
	科威特	11	11	14	14	15	16
	卡塔尔	10	9	7	7	14	15
	巴林	7	7	4	4	12	13
	阿曼	3	3	3	3	3	3
	也门	30	30	22	22	26	27
	伊拉克	43	42	31	31	30	32
	小计	125	123	92	91	117	131
沙姆地区	黎巴嫩	27	27	19	19	27	28
	叙利亚	6	6	6	6	10	10
	巴勒斯坦	43	44	28	28	34	36
	约旦	40	40	21	21	26	28
	小计	126	127	74	74	97	102
北非地区	埃及	55	57	35	35	39	39
	阿尔及利亚	12	12	9	9	8	9
	摩洛哥	30	33	15	15	14	15
	突尼斯	39	38	18	18	20	21
	利比亚	4	4	2	2	2	3
	毛里塔尼亚	2	/	/	/	/	/
	苏丹	4	5	5	5	/	/
	塞浦路斯	6	11	6	6	6	6
	小计	152	160	90	90	89	93

资料来源：本表格由作者在对英文数据进行翻译整理的基础上自行制作。

从中东地区的国别角度分析，在阿拉伯国家中，海湾地区的沙特阿拉伯、阿联酋、巴林、也门、伊拉克 5 国，沙姆地区的约旦、黎巴嫩、巴勒斯坦3国以及北非地区的埃及、摩洛哥、突尼斯3国的智库数量在2015年和2016年两个年度下降的幅度最大；其他国家的智库数量虽然也有下降，但是幅度不大，而在所有阿拉伯国家中，科威特的智库数量呈现出连续增长的态势。智库数量的变化，反映出中东地区过去6年的发展特点。有些国家出现智库数量大幅下降的情况，其核心原因均与国内政局和经济形势变化密切相关，因为智库运营需要稳定的经费支持和高素质的研究队伍。海湾地区以石油产业作为主要收入来源的沙特阿拉伯、阿联酋等国，在2015年和2016年由于连续受到国际石油市场价格剧烈波动的严重冲击，国内经济形势比较严峻，其智库的发展受到一定影响；2017年和2018年，海湾地区的经济形势较前两年有所好转，智库数量也呈大幅增长的趋势。也门、伊拉克等是2015年和2016年国内形势比较动荡的国家，教派冲突和暴恐问题频发，安全形势和经济形势严重恶化；2017年和2018年，两国的智库数量小幅增加。沙姆地区的黎巴嫩、巴勒斯坦的情况与也门等国类似，安全风险较高，而叙利亚从2013年爆发内战后，巴沙尔政府一直与反对派处于交战状态，但值得注意的是，其国内的智库数量从2013年的6家增加到2018年的10家。从智库在政策传播方面的功能分析可以看出叙利亚国内政治生态的复杂性。北非地区的埃及和突尼斯均在中东剧变后发生了政局更迭，经济一直处于低位运行状态，并且不断受到外部因素的影响。如2015年发生的一系列恐怖袭击事件使得突尼斯经济状况持续恶化，影响了外资投入，导致作为经济支柱的旅游业停摆。2016年，突尼斯总理尤素福·沙海德（Youssef Chahed）领导下的新政府上台后，曾向国际货币基金组织（IMF）承诺实行经济改革，以换取29亿美元的国际贷款，但其国内的政治内斗以及频繁的罢工、抗议活动和恐怖袭击，使得突尼斯政府要实现人民所预期的经济复苏的目标愈加艰难。埃及、摩洛哥等国原为北非地区比较富裕的国家，特别是埃及的高等教育水平在阿拉伯国家中名列前茅，为阿拉伯世界的发展培养并输送了大批高素质人才，侨汇也是埃及财政收入的主要来源之一，但是目前两国的总体实力与中东剧变前相比都有所下降，无力为智库建设提供充足的经费和人才支持，因此北非地区

2018 年的智库数量仍低于 2015 年和 2016 年的最低值，要想恢复到巅峰状态仍需时日。

表 2—5　2013—2018 年中东地区的非阿拉伯国家智库数量统计表

地区	国家	年度					
		2013 年	2014 年	2015 年	2016 年	2017 年	2018 年
中东地区非阿拉伯国家	以色列	55	56	58	58	67	69
	土耳其	29	31	32	32	46	48
	伊朗	34	34	59	59	64	64
	小计	118	121	149	149	177	181

资料来源：本表格由作者在对英文数据进行翻译整理的基础上自行制作。

作为中东地区的非阿拉伯国家，以色列、土耳其和伊朗三国的智库数量在 2013—2018 年一直保持增长趋势，说明这 3 个国家对智库建设十分重视。以色列、土耳其和伊朗 3 个非阿拉伯国家在以阿拉伯国家为主体的中东地区，有各自面临的现实问题和关注的战略重点，智库建设和发展应运而生，成为三国与国际社会沟通交流的重要渠道。

以色列作为中东地区的“迷你超级大国”，教育体系成熟，人才储备完善，西方式的政治体制为其智库的发展奠定了坚实基础。巴以冲突长期以来是中东地区的焦点问题，也是国际社会关注的难点问题，因此巴以冲突使得以色列的政治决策长期处于危机状态，为以色列提供政策选择分析的智库获得大显身手的机会。虽然在 2015—2016 年间以色列的智库数量比伊朗少 1 家，但其智库的整体水平和影响力在中东地区名列前茅，国家安全研究所、贝京 - 萨达特战略研究中心均系国际知名智库。

土耳其作为横跨欧亚两个大洲的国家，战略地位十分重要；土耳其也是中东地区伊斯兰国家中较早开始现代化转型发展的国家。土耳其智库最早出现在 20 世纪六七十年代，其与以色列同为最早建立智库的中东国家。[1] 1999 年，土耳其成为欧盟的候选成员国之后，调整了其内政外交，这对智库的发展起到极大的刺激作用，智库数量保持增长态势。

伊朗自 1979 年发生伊斯兰革命后，建立了伊斯兰共和国政治制度，在中东地区开启了另一种国家发展模式。作为全球最大的伊斯兰什叶派国家，伊朗既面临与中东以逊尼派为主导的阿拉伯国家之间的关系问题，同时其核武器又成为影响伊朗与国际社会关系的重要问题。因此，伊朗的内政外交及发展现状对智库建设的需求比较强烈，在过去 6 年中，其智库数量出现大幅增长的趋势。

第三节　中东地区的最佳智库分布规律

根据最新的《全球智库指数报告》的统计，2018 年中东地区共有智库 507 家。此外，《全球智库指数报告》每年榜单均会对全球各区域的最佳智库进行排名，并且在绪论部分对各项排名的生成机制进行原则性说明，但在单个榜单中并未对排名生成机制和计算方法进行说明。对中东地区智库进行研究时，最佳智库的数量和水平在一定程度上可以反映整个地区的智库发展状况。因此，笔者对照了 2013—2018 年连续 6 年的《全球智库指数报告》，对进入榜单的中东地区的最佳智库数量进行了统计分析：2013 年为 50 家；2014 年为 55 家；2015 年为 74 家；2016 年为 75 家；2017 年为 90 家；2018 年为 103 家。

---

① Eric C. Johnson, "Policy Making Beyond the Politics of Conflict: Civil Society Think Tanks in the Middle East and North Africa," in James G. McGann and R. Kent Weaver eds., *Think Tanks and Civil Societies: Catalysts for Ideas and Action*, New Jersey: Transaction Publishers, 2000, p. 339.

表 2—6　2013—2018 年中东地区的最佳智库国别分布表

地区	国家	年度					
		2013 年	2014 年	2015 年	2016 年	2017 年	2018 年
海湾地区	沙特阿拉伯	1	1	2	2	4	4
	阿联酋	4	3	4	4	7	6
	科威特	3	3	3	4	4	3
	卡塔尔	3	3	3	3	3	3
	巴林	1	/	/	/	/	2
	阿曼	/	1	1	1	1	1
	也门	1	1	1	1	1	2
	伊拉克	/	/	3	4	2	2
	小计	13	12	17	19	22	23
沙姆地区	黎巴嫩	3	4	4	5	5. 5	6
	叙利亚	1	/	/	/	/	/
	巴勒斯坦	/	1	4	3	5	5
	约旦	3	3	5	5	6	6
	小计	7	8	13	13	16. 5	17
北非地区	埃及	9	10	11	11	9	10
	阿尔及利亚	/	/	/	/	2	2
	摩洛哥	2	4	5	5	6	9
	突尼斯	1	2	4	4	5	5
	利比亚	1	1	1	1	2	2
	毛里塔尼亚	/	/	/	/	/	/
	苏丹	/	/	/	/	/	/
	塞浦路斯	/	/	/	/	/	/
	小计	13	17	21	21	24	28

续表

地区	国家	年度					
		2013 年	2014 年	2015 年	2016 年	2017 年	2018 年
中东地区非阿拉伯国家	以色列	11	12	13	13	17	19
	土耳其	5	5	8	7	7	12
	伊朗	1	1	2	2	2	2
	小计	17	18	23	22	26	33
其他		/	/	/	/	1.5	2①
总计		50	55	74	75	90②	103

资料来源：表中的数据系作者根据 2013—2018 年《全球智库指数报告》中的分年度最佳智库表单，在翻译整理的基础上重新整合生成。

从表 2—6 中可以发现以下几个突出特点：一是从数量上看，中东地区年度最佳智库的总数呈现逐年增加的趋势，从 2013 年的 50 家增加至 2018 年的 103 家，6 年间的累计增幅高达 1 倍，说明中东地区智库的发展水平和质量呈现总体增长态势。此外，最佳智库数量的增长也与上文智库总数的增长趋势持平：2013 年和 2014 年基本保持在同一水准，2015 年和 2016 年基本持平；2017 年和 2018 年大幅增加。

二是从区域上看，中东地区的非阿拉伯国家整体进入“最佳智库榜单”的数量连续排名第一。2013—2018 年，中东地区的最佳智库总数为 447 家，非阿拉伯国家智库数量达 245 家，占 6 年“最佳智库”数量的一半以上。在剩余的 3 个传统阿拉伯国家区域内，最佳智库榜单呈现出北非地区智库数量多于海湾地区，海湾地区智库数量多于沙姆地区的明显特

① 2018 年“中东和北非地区最佳智库榜单”中排在第 53 名的“阿拉伯改革倡议”标注属于法国，按照其他类别统计；排在第 97 名的“土地研究中心”标注属于耶路撒冷，按照其他类别统计。

② 2017 年“中东和北非地区最佳智库榜单”中排在第 49 名的“阿拉伯改革倡议”标注属于法国，按照其他类别统计；排在第 90 名的黎巴嫩的拉菲克 · 哈里里中东中心标注属于美国/黎巴嫩合作机构，按照黎巴嫩和其他类别各 0.5 个计算。

点。从中东地区整个区域分析，共有 22 个阿拉伯国家和 3 个非阿拉伯国家，但就智库建设方面而论，阿拉伯国家的智库数量与建设质量远远落后于非阿拉伯国家，其中以色列的智库发展水平远远高于地区平均水平。

三是从国家上看，2013—2018 年，中东地区连续 6 年进入“最佳智库榜单”数量排名前三位的国家分别是以色列、埃及和土耳其。[①] 以色列的最佳智库数量为 85 家；埃及的最佳智库数量为 60 家；土耳其的最佳智库数量为 44 家。此外，海湾地区中阿联酋的智库在“最佳智库榜单”中排名第一；沙姆地区中约旦和黎巴嫩的智库在“最佳智库榜单”中并列排名第一。此外，伊拉克、巴勒斯坦和阿尔及利亚的智库在 2013 年均未进入榜单，但在 2017 年榜单中的表现都比较突出。从国家分布情况看，最佳智库数量较多的以色列、埃及和土耳其均是中东地区教育水平较高的国家，且开放程度高，这也是智库发展水平较高的重要因素；与之形成鲜明对比的是，苏丹、毛里塔尼亚和塞浦路斯三国一直没有智库进入中东地区最佳智库榜单。

第四节 中东地区最佳智库“十强榜”特点

2013—2018 年的《全球智库指数报告》中分别列出中东地区进入“最佳智库榜单”的机构名录。在上文中，笔者已经论证了这 6 年中东地区进入“最佳智库榜单”的机构数量一直呈现增长趋势，但值得注意的是，该榜单并不是按照一个固定数量进行年度排名，每年的数量都不一致。由于基数一直在发生变化，笔者只能缩小比较范围，仅选取 2013—2018 年连续 6 年排名前 10 位的智库进行对比分析，研究其规律和特点（见表 2—7）。

① 阿联酋 2017 年的最佳智库数为 7 家，与土耳其并列第三位。

表 2—7　2013 年中东地区的最佳智库十强榜

排名	英文名称	中文译文	国家
1	Al-Ahram Center for Political and Strategic Studies (Egypt)	金字塔政治和战略研究中心	埃及
2	Brookings Doha Center (Qatar)	布鲁金斯学会多哈中心	卡塔尔
3	Center for Economics and Policy Studies (EDAM) (Turkey)	经济和外交政策研究中心	土耳其
4	Carnegie Middle East Center (Lebanon)	卡耐基中东中心	黎巴嫩
5	Institute for National Security Studies (INSS) FNA Jaffee Center for Strategic Studies (Israel)	国家安全研究所加菲战略研究中心	以色列
6	Al Jazeera Centre for Studies (Qatar)	半岛研究中心	卡塔尔
7	Turkish Economic and Social Studies Foundation (TESEV) (Turkey)	土耳其经济和社会研究基金会	土耳其
8	Gulf Research Center (GRC) (Saudi Arabia)	海湾研究中心	沙特阿拉伯
9	Arab Thought Forum (Jordan)	阿拉伯思想论坛	约旦
10	Begin-Sadat Center for Strategic Studies (Israel)	贝京－萨达特战略研究中心	以色列

资料来源：作者根据《全球智库指数报告 2013》中的数据整理而成。

从表 2—7 中可知，进入 2013 年中东地区“最佳智库十强榜”的共有来自 7 个国家的智库，其中埃及的金字塔政治和战略研究中心名列第一，这也是中东地区比较知名的智库，对中东地区事务的研究在国际上有一定的影响力；卡塔尔的布鲁金斯学会多哈中心位列榜单第二位，它也是中东地区国际合作智库中比较成功的代表。在剩余的“八强”中，卡塔尔、黎巴嫩、沙特阿拉伯、约旦各入围 1 家，土耳其、以色列各入围 2 家。

表2—8　2014年中东地区的最佳智库十强榜

排名	英文名称	中文译文	国家
1	Carnegie Middle East Center (Lebanon)	卡耐基中东中心	黎巴嫩
2	Al-Ahram Center for Political and Strategic Studies (ACPSS) (Egypt)	金字塔政治和战略研究中心	埃及
3	Brookings Doha Center (Qatar)	布鲁金斯学会多哈中心	卡塔尔
4	Center for Economics and Foreign Policy Studies (EDAM) (Turkey)	经济和外交政策研究中心	土耳其
5	Institute for National Security Studies (INSS) (Israel)	国家安全研究所	以色列
6	Al Jazeera Centre for Studies (AJCS) (Qatar)	半岛研究中心	卡塔尔
7	Turkish Economic and Social Studies Foundation (TESEV) (Turkey)	土耳其经济和社会研究基金会	土耳其
8	Gulf Research Center (GRC) (Saudi Arabia)	海湾研究中心	沙特阿拉伯
9	Begin-Sadat Center for Strategic Studies (Israel)	贝京－萨达特战略研究中心	以色列
10	Center for Strategic Studies (CSS) (Jordan)	约旦大学战略研究中心	约旦

资料来源：作者根据《全球智库指数报告2014》中的数据整理而成。

从表2—8可知，进入2014年中东地区“最佳智库十强榜”的共有来自7个国家的智库，其中黎巴嫩的卡耐基中东中心从2013年榜单的第四位跃居榜首，2013年榜单中排名首位的埃及的金字塔政治和战略研究中心则位列2014年榜单的第二位。剩余“八强”中：卡塔尔、土耳其、以色列各入围2家；沙特阿拉伯、约旦各入围1家。

表 2—9　2015 年中东地区的最佳智库“十强榜”

排名	英文名称	中文译文	国家
1	Carnegie Middle East Center (Lebanon)	卡耐基中东中心	黎巴嫩
2	Al-Ahram Center for Political and Strategic Studies (ACPSS) (Egypt)	金字塔政治和战略研究中心	埃及
3	Brookings Doha Center (Qatar)	布鲁金斯学会多哈中心	卡塔尔
4	Institute for National Security Studies (INSS) (Israel)	国家安全研究所	以色列
5	Al Jazeera Centre for Studies (AJCS) (Qatar)	半岛研究中心	卡塔尔
6	Center for Strategic Studies (CSS) (Jordan)	约旦大学战略研究中心	约旦
7	Turkish Economic and Social Studies Foundation (TESEV) (Turkey)	土耳其经济和社会研究基金会	土耳其
8	Begin-Sadat Center for Strategic Studies (Israel)	贝京 – 萨达特战略研究中心	以色列
9	Center for Economics and Foreign Policy Studies (EDAM) (Turkey)	经济和外交政策研究中心	土耳其
10	Association for Liberal Thinking (ALT) (Turkey)	自由思想联盟	土耳其

资料来源：作者根据《全球智库指数报告 2015》中的数据整理而成。

从表 2—9 可知，进入 2015 年中东地区“最佳智库十强榜”的共有来自 7 个国家的智库，其中黎巴嫩的卡耐基中东中心蝉联榜首，埃及的金字塔政治和战略研究中心继续位列榜单的第二位。剩余“八强”中：卡塔尔、以色列各入围 2 家；约旦入围 1 家；土耳其入围 3 家。

表 2—10　2016 年中东地区的最佳智库十强榜

排名	英文名称	中文译文	国家
1	Center for Strategic Studies（CSS）（Jordan）	约旦大学战略研究中心	约旦
2	Al-Ahram Center for Political and Strategic Studies（ACPSS）（Egypt）	金字塔政治和战略研究中心	埃及
3	Institute for National Security Studies（INSS）（Israel）	国家安全研究所	以色列
4	Carnegie Middle East Center（Lebanon）	卡耐基中东中心	黎巴嫩
5	Al Jazeera Centre for Studies（AJCS）（Qatar）	半岛研究中心	卡塔尔
6	Brookings Doha Center（Qatar）	布鲁金斯学会多哈中心	卡塔尔
7	Turkish Economic and Social Studies Foundation（TESEV）（Turkey）	土耳其经济和社会研究基金会	土耳其
8	Begin-Sadat Center for Strategic Studies（Israel）	贝京－萨达特战略研究中心	以色列
9	Center for Economics and Foreign Policy Studies（EDAM）（Turkey）	经济和外交政策研究中心	土耳其
10	Association for Liberal Thinking（ALT）	自由思想联盟	土耳其

资料来源：作者根据《2016 年全球智库指数报告》中的数据整理而成。

从表 2—10 可知，进入 2016 年中东地区“最佳智库十强榜”的共有来自 6 个国家的智库，约旦大学战略研究中心从 2015 年榜单的第六位跃居榜首，埃及的金字塔政治和战略研究中心则继续位列榜单第二位。剩余“八强”中：以色列、卡塔尔各入围 2 家；黎巴嫩入围 1 家；土耳其入围 3 家。

表 2—11　2017 年中东地区最佳智库十强榜

排名	英文名称	中文译文	国家
1	Center for Strategic Studies (CSS) (Jordan)	约旦大学战略研究中心	约旦
2	Institute for National Security Studies (INSS) (Israel)	国家安全研究所	以色列
3	Carnegie Middle East Center (Lebanon)	卡耐基中东中心	黎巴嫩
4	Al-Ahram Center for Political and Strategic Studies (ACPSS) (Egypt)	金字塔政治和战略研究中心	埃及
5	Al Jazeera Centre for Studies (AJCS) (Qatar)	半岛研究中心	卡塔尔
6	Brookings Doha Center (Qatar)	布鲁金斯学会多哈中心	卡塔尔
7	Begin-Sadat Center for Strategic Studies (Israel)	贝京－萨达特战略研究中心	以色列
8	Turkish Economic and Social Studies Foundation (TESEV) (Turkey)	土耳其经济和社会研究基金会	土耳其
9	OCP Policy Center (Morocco)	OCP 政策中心	摩洛哥
10	Arabian Gulf Center for Iranian Studies (Saudi Arabia)	海湾研究中心·伊朗研究所	沙特阿拉伯

资料来源：作者根据《全球智库指数报告 2017》中的数据整理而成。

从表 2—11 可知，进入 2017 年中东地区“最佳智库十强榜”的共有来自 8 个国家的智库，约旦大学战略研究中心蝉联榜首，以色列的国家安全研究所从 2016 年榜单的第三位跃居第二位。剩余“八强”中：卡塔尔入围 2 家；黎巴嫩、埃及、以色列、土耳其、摩洛哥、沙特阿拉伯各入围 1 家。

表 2—12　2018 年中东地区的最佳智库十强榜

排名	英文名称	中文译文	国家
1	Center for Strategic Studies (CSS) (Jordan)	约旦大学战略研究中心	约旦
2	Institute for National Security Studies (INSS) (Israel)	国家安全研究所	以色列
3	Carnegie Endowment for International Peace Middle East Center (Lebanon)	卡耐基中东中心	黎巴嫩
4	Al-Ahram Center for Political and Strategic Studies (ACPSS) (Egypt)	金字塔政治和战略研究中心	埃及
5	Al Jazeera Centre for Studies (AJCS) (Qatar)	半岛研究中心	卡塔尔
6	Brookings Doha Center (Qatar)	布鲁金斯学会多哈中心	卡塔尔
7	Emirates Policy Center (United Arab Emirates)	阿联酋政策研究中心	阿联酋
8	OCP Policy Center (Morocco)	OCP 政策中心	摩洛哥
9	International Institute for Iranian Studies, FKA Arabian Gulf (Saudi Arabia)	海湾研究中心·伊朗研究所	沙特阿拉伯
10	Israel Democracy Institute (IDI)	以色列民主协会	以色列

资料来源：作者根据《全球智库指数报告 2018》中的数据整理而成。

从表 2—12 可知，进入 2018 年中东地区“最佳智库十强榜”的共有来自 8 个国家的智库，约旦大学战略研究中心和以色列的国家安全研究所继续保持第一、第二位。剩余“八强”中：卡塔尔入围 2 家；黎巴嫩、埃及、以色列、阿联酋、摩洛哥、沙特阿拉伯各入围 1 家。

通过对 2013—2018 年连续 6 年进入“最佳智库榜单”的机构统计分析可以发现，虽然《全球智库指数报告》中年度“最佳智库”的总数在持续增加，但进入年度“最佳智库”榜单前 10 位的机构基本保持一致，集中在约旦大学战略研究中心、金字塔政治和战略研究中心、卡耐基中东中心、半岛研究中心、布鲁金斯学会多哈中心、国家安全研究所、贝京－萨达特战略研究中心、土耳其经济和社会研究基金会、经济和外交政策研究中心，以及沙特阿拉伯海湾研究中心及其相关研究中心等，差别只是每年的具体排名顺序有所变化。此外，约旦的阿拉伯思想论坛只在2013年的榜单中进入前10名，此后4年中均未进入；土耳其的自由思想联盟在2015和2016年的榜单中均进入前10名，2017年未进入；摩洛哥的OCP政策中心2017年第一次进入前10名榜单；阿联酋政策研究中心2018年首次进入前10名榜单。

通过对进入2013—2018年中东地区“最佳智库十强榜”的智库名单进行分析不难发现，智库类型的多样性是研究中东地区智库发展趋势一个不容忽视的显著特点。入围“最佳智库十强榜”的智库包含：（1）政府智库，如埃及外交事务委员会、巴林国家研究中心等；（2）高校智库，如约旦大学战略研究中心、贝京－萨达特战略研究中心[①]；（3）媒体智库，如金字塔政治和战略研究中心、半岛研究中心；（4）独立智库，如国家安全研究所[②]；（5）国际合作智库，如布鲁金斯学会多哈中心、卡耐基中东中心。智库名称上也能反映出研究议题的多样化，既有专门研究国内问题的智库，也有关注中东地区安全和战略发展的智库，还有美国知名智库的中东分支机构。多种类型智库并存，国内、地区和国际问题研究全面覆盖，使得中东地区的智库呈现出鲜明的特点。因此，在研究中东地区智库时，必须重视不同区域和国家智库的个性化特点，不能用一刀切的方式进行泛化研究。

综上所述，本章对2013—2018年连续6年的《全球智库指数报告》中关于中东地区的智库进行了综合研究，按照海湾地区、沙姆地区、北非地区和中东地区的非阿拉伯国家等4个区域，对智库的总数、分布特点、

① 贝京－萨达特战略研究中心系以色列巴伊兰大学建立的智库。

② 以色列国家安全研究所的前身是以色列特拉维夫大学1977年创建的战略研究中心，1983年更名为加菲战略研究中心，2006年重组为国家安全研究所，与特拉维夫大学保持紧密的学术联系，但在财政和组织上保持独立。

最佳智库排名开展了宏观和微观层面的数据研究。透过数据可以发现，中东地区的智库建设在过去 6 年中经历了明显的起伏变化，具体原因与中东地区的整体转型发展及所在国家经历的发展阶段密切相关，因此可以说，区域内各国的智库建设及发展水平并不均衡。从另一个维度看，智库建设与中东地区的政治进程密切相关，而且中东地区也产生了一批在国际社会比较有影响力的智库，如金字塔政治与战略研究中心、国家安全研究所、布鲁金斯学会多哈中心、海湾研究中心等，其中涵盖政府智库、高校智库、国际合作智库等多种类型。因此，中东地区智库研究已经成为研究中东历史和现实问题时不容忽视的一个重要领域。

 第三章 海湾地区的代表性智库 

海湾地区包括沙特阿拉伯、阿联酋、科威特、卡塔尔、巴林、阿曼、也门、伊拉克8个国家。根据2013—2018年《全球智库指数报告》中的统计，6年中海湾地区的智库数量分别为125、123、92、91、117、131家，呈现出从高点到大幅下降再到大幅增长的趋势。其中比较知名的智库有沙特阿拉伯海湾研究中心（Gulf Research Center）、阿联酋战略研究中心（The Emirates Center for Strategic Studies and Research）、科威特阿拉伯规划研究所（Arab Planning Institute）、卡塔尔半岛研究中心（Al Jazeera Centre for Studies）、巴林国家研究中心（Bahrain Center for Studies and Research）、阿曼塔瓦苏勒研究所（Tawasul）、也门民意调查中心（Yemen Polling Center）、伊拉克幼发拉底河发展与战略研究中心（Al Furat Center for Development and Strategic Studies）等。

第一节 海湾地区智库的总体特征

海湾地区的沙特阿拉伯、阿联酋、科威特、卡塔尔、巴林、阿曼6国既是君主立宪制国家，又是海湾合作委员会（Gulf Cooperation Council - GCC，简称海合会）的成员国，石油是各国经济收入的主要来源。海湾地区是全球重要的能源中心，其中沙特阿拉伯是地区大国，阿联酋是开放程度最高的国家，而卡塔尔在智库建设中高度注重国际合作，布鲁金斯学会多哈中心就是比较有代表性的国际合作型智库。与海合会国家相比，也门属于欠发达国家，且国内长期处于动荡之中，其智库建设水平总体不高。伊拉克作为曾经的中东地区强国和教育中心，文化底蕴深厚，智库建设起步较早，但是由于伊拉克战争等因素，其国家综合实力大幅下降，智库发展也受到较大影响。本章将选取沙特阿拉伯的智库进行案例分析。

第二节　沙特阿拉伯的智库

沙特阿拉伯地处石油资源丰富的海湾地区，巨额石油储备使得沙特阿拉伯在 20 世纪 70 年代一跃成为海湾地区的富裕国家，从而为其国内的智库建设提供了充足的经费保障和人才培养支持基础。沙特阿拉伯虽然是君主世袭制国家，但其高度重视智库在政府决策和社会治理中的作用，采用国际合作的方式，大量聘用欧美国家高素质人才担任智库专职研究人员，同时注重对其核心产业石油业的研究，是中东地区为数不多的建立了单体石油类专题智库的国家。

一、沙特阿拉伯的代表性智库

（一）海湾研究中心[①]

1. 历史沿革及职能定位

海湾研究中心是沙特阿拉伯最为著名的智库，由沙特阿拉伯商人阿卜

① 根据网站资源翻译整理，https：//www. grc. net/。

杜拉·阿齐兹·塞格博士（Dr. Abdul Aziz Sager）于2000年6月创立，为独立运行的非营利性地区组织。海湾研究中心的研究领域涉及经济、能源、政治、国际关系、安全防御、环境及科技等多方面，秉承“每个人都有获得知识的权利”之宗旨，致力于通过学术研究和学术论坛传播海湾地区国家的真实信息，为海湾地区提供中立和专业的研究参考。

2. 机构设置

从创立至今，海湾研究中心已经从最初位于阿联酋迪拜的办事处发展成一家国际化智库，下设位于瑞士日内瓦的海湾研究中心基金会、英国剑桥大学的剑桥海湾研究中心、沙特阿拉伯吉达的日常办事处三大机构。

（1）海湾研究中心基金会

海湾研究中心基金会是海湾研究中心位于日内瓦的办事处，2007年在瑞士基金会注册。基金会属于非营利性组织，其主要职责是对海湾研究中心的所有研究计划进行指导，收集和传播关于政治、经济、社会以及海湾地区安全问题的相关知识，并通过多种渠道为海湾研究中心的运营筹款。基金会开展了大量公共活动，在媒体发布研究成果，召开相关议题的研讨会，促进海湾地区和其他地区间人民的对话与交流。基金会积极与著名的研究机构、高校以及培训机构开展合作，促进新型学术教育项目发展，鼓励海湾合作委员会国家以及其他阿拉伯国家的学生积极投身于海湾地区的研究。2011年，海湾研究中心基金会被评为联合国经济社会理事会的特别咨询机构。

（2）剑桥海湾研究中心

剑桥海湾研究中心是海湾研究中心位于英国剑桥的办事处，2009年在英国慈善机构注册，获得免税捐赠，关注重点为媒体和教育问题。剑桥海湾研究中心与剑桥大学瓦利德·本·塔拉尔亲王伊斯兰研究中心紧密合作，每年6月在剑桥大学组织召开海湾问题研究会议，来自世界各地的海湾问题学者与会，介绍研究成果，深化对海湾地区发展和未来的理解。这一会议已经成为研究海湾问题的学者和专家交流的重要平台。

（3）海湾研究中心吉达办事处

海湾研究中心吉达办事处是中心在海湾地区的办事处，位于沙特阿拉伯吉达市，负责海湾研究中心的地区事务。其主要职能包括开展本地化研究、专题翻译、出版成果以及推广研究项目，同时承担与海湾研究中心在海湾地区的网络会员以及海湾地区访客进行互动的任务。

海湾研究中心领导机构成员包括：

主席/创建者：阿卜杜拉·阿齐兹·塞格博士

高级顾问/安全与防卫研究项目总监：穆斯塔法·阿兰尼博士（Dr. Mustafa Alani）。

海湾研究中心基金会主任：克里斯汀·科克博士（Dr. Christian Koch）。

海湾研究中心基金会委员：艾哈迈德·塞格博士（Dr. Ahmed Sager）。

海湾研究中心首席经济学家、经济项目研究总监：约翰·斯法基亚纳基斯博士（Dr. John Sfakianakis）。

海湾研究中心基金会高级顾问：加科莫·卢西安尼教授（Giacomo Luciani）。

国际合作部主任：奥萨卡·罗米里斯博士（Oskar Ziemelis）。

高级研究员：艾琳·伯恩（Aileen Byrne）。

海湾研究中心基金会劳工及移民项目常务主任：伊莫科·布劳威尔（Imco Brouwer）。

环境项目研究员：穆罕默德·劳夫博士（Mohammed Raouf）。

初级研究员：加达·穆哈娜（Ghada Muhanna）。

《观点杂志》（*Araa*）杂志出版经理（吉达）：贾马尔·哈曼（Jamal Hammam）。

总经理助理（吉达）：萨米尔·坎地尔（Samir Kandil）。

IT 主管：贾瓦德·伊卡巴尔（Javaid Iqbal）。

3. 重点研究领域

海湾研究中心对海湾地区的社会科学开展全面研究，并且高度关注海湾合作委员会成员国的国际关系和国内政治，以及影响各成员国政治、经济、安全和社会生活的国内和地区问题。海湾研究中心关注 50 多个重要研究领域，通过项目制方式开展研究。

（1）海湾外交关系研究。海湾国家与全球多个国家建立了战略关系，这种关系又受到经济、政治和安全利益的影响。海湾研究中心关注上述关系背后的多种因素，尤其是海湾国家与美国、欧洲和亚洲的双多边关系。

（2）海湾经济与能源研究。海合会国家的经济结构大致相同，宏观经济政策也有相似之处，并且所有的海合会国家都在不同程度地努力降低本国经济对油气的依赖。在全球经济发展的背景下，海合会六国经济多元化的努力和发展模式都面临重要和迫切的问题。海湾经济与能源研究项目致力于深入了解海合会的经济和能源问题。

（3）海湾劳动力市场和移民研究。该项目系海湾研究中心与全球知名的移民问题学术中心“移民政策中心（MPC——佛罗伦萨）”联合开展的非营利、非党派的独立研究项目，目标在于深化对海合会国家的劳动力市场与移民问题中的人口分布、经济、法律、社会和政治等关键要素的理解。项目主要通过收集数据和文献资料、进行学术和政策分析、参与对话和培训等方式，为来自海合会国家和其他国家的研究者建立研究网络提供支持。

（4）海湾环境安全与可持续发展研究。全球变暖、气候变化、污染、臭氧层枯竭、自然资源锐减等是过去 30 年间全球面临的环境威胁。除了这些共性的气候问题外，海合会国家还面临着土壤荒漠化、淡水缺乏等严重问题，以及石油开采对海湾地区造成的环境污染问题。海湾研究中心致力于开展环境保护和清洁能源方面的课题研究，为海合会国家解决上述环境安全和可持续发展问题提供解决方案。

（5）海湾政治与社会研究。所有的海合会国家都正在经历广泛的政治和社会变革，特别是从 20 世纪 90 年代以来，各国都在推进宪法修订和政治现代化进程。本项目对这一历程中所发生的变化进行深入研究。

（6）海合会一体化研究。海合会自从 1981 年成立以来，6 个成员国一直在努力实现海合会的一体化进程，以便在面对地缘变化时能够灵活应对。海合会一体化进程是海湾研究中心关注的重要研究议题，并致力于推动海合会成员国形成统一的政策，以应对各种挑战。

（7）海湾安全与防务研究。海湾地区被视作全球最重要的战略要地，拥有世界一半以上的原油储藏量。因此，本项目关注地区安全中最敏感的领域，包括防务问题、外部和内部安全以及打击恐怖主义。海湾地区的安全不仅对海合会六国具有重要意义，而且对全球安全也意义重大。因此，恐怖主义相关问题是海湾安全与防务研究项目中的主要议题之一，包括恐怖主义对海湾地区安全的影响、对海合会与美国关系的影响以及对海合会成员国内政的意义。

4. 主要研究力量及研究成果

海湾研究中心拥有十分强大的研究团队，在自有的研究团队基础上，大量聘请国际知名研究机构的专家学者，组成一支包含海湾国家、阿拉伯国家以及全球研究力量的综合研究队伍。海湾研究中心主席阿卜杜拉·阿齐兹·塞格博士对中国问题非常关注，2016 年 4 月他在“海湾观点”上发表《发展与疑虑：中国与海湾国家间的关系》一文，分析了中国与海湾国家关系中存在的复杂因素。此外，海湾研究中心的研究人员还有来自牛津能源研究所的马库·亚玛达博士（Dr. Maku Amata）、埃及外交官和政治评论员穆罕默德·纳玛努·哲利莱（Mohammed Namanu Geralai）、开罗大学政治经济学院发展中国家研究中心研究员塞达发·穆罕默德博士（Dr. Sedafa Mohammed）、开罗大学政治与经济学院的助教萨利·哈里发·艾斯哈高博士（Dr. Sally Khalifa Eshargo）等。

海湾研究中心的研究成果包括关于海湾整个区域和国别的期刊、图书、研究报告、学术论文等，近年来出版的新书有：2019 年 12 月出版的《海合会国家外交关系：变动中的全球和地区状态》（*Foreign Relations of GCC Countries：Shifting Global and Regional Dynamics*）、2019 年 8 月出版的《海湾的智慧城市：现状、机遇和挑战》（*Smart Cities in the Gulf-Current State, Opportunities, and Challenges*）、2018 年 10 月出版的《海湾国家与西方：感知与现实、机遇与风险》（*The Arab Gulf States and the West：Percep-*

tions and Realities—Opportunities and Perils)。

除了图书外，海湾研究中心最具代表性的出版物为《海湾观察》(*Gulf Monitor*)，系双月刊，由海湾研究中心阿联酋迪拜办事处负责发行。刊物具有独立性，所有文章均由海湾研究中心的研究人员提供。该刊在社会责任和道德框架下允许发表不同意见，对海湾及其相关问题开展以问题为导向的研究，所发表文章中作者的观点均系首次阐述。作为第一份专业的全球性海湾事务期刊，《海湾观察》秉承海湾研究中心"为所有人提供知识"的理念和目标，从海湾本地化视角对影响海湾地区的重要政治、经济、安全和社会问题进行深度分析和审视，观点鲜明，独树一帜，为科研人员、学者、博士生和研究生提供学术参考。刊物鼓励投稿和合作，并欢迎读者对期刊内容提出好的意见与建议。

（二）阿卜杜拉国王石油研究中心①（King Abdullah Petroleum Studies and Research Center，KAPSARC）

1. 历史沿革及职能定位

阿卜杜拉国王石油研究中心位于沙特阿拉伯利雅得市，由已故沙特阿拉伯国王阿卜杜拉设立，沙特阿美石油公司负责具体筹建，2013 年开始运营，是一家独立的非政府机构，专注于能源经济、政治、技术和环境领域的研究，以期最终实现从经济和社会层面造福全世界。研究中心经费的主要来源为沙特阿拉伯政府的专门捐赠基金，以确保研究人员有充足的经费开展研究，并且能够在不受外部捐赠者的干扰下独立、客观地开展研究。研究中心的具体研究领域包括全球能源市场和经济、能源效率和生产率、能源和环境技术以及碳排放管理等，并且通过一系列政治和经济框架，减少环境破坏和能源供给成本，为能源的高效利用提供实用性的技术方案。研究中心拥有一支多国籍的研究团队，强调开放、平等以及性别、国籍和背景的多样性，雇员来自 20 多个国家，其中 40% 是女性。通过与全球的

① 根据网站资源翻译整理，https://www.kapsarc.org/。

研究中心、公众政策组织、政府机构及各行各业进行合作，研究中心对来自全世界能源领域的先进专业知识和技术进行整合，攻克了能源领域面临的一系列挑战，并无偿向大众提供相关信息。2010 年，研究中心发布了第一份研究报告，主要内容涉及沙特阿拉伯的国家福利、社会成本和收入与油价的高度相关性。

2. 机构设置

阿卜杜拉国王石油研究中心董事会由 7 名成员组成，主席由沙特阿拉伯能源部委派，剩余 6 名成员中的 3 人来自沙特阿拉伯国内，3 人来自其他国家。

（1）管理层

主任：亚当·西敏斯基（Adam Sieminski），2018 年 4 月当选。

副主任：曼苏尔博士（Dr. Mansoor Al－Mansoor），2016 年 2 月当选，分管财务和日常运营。

副主任：法赫德·阿尔图基博士（Dr. Fahad Alturki），分管科研。

（2）董事会成员

阿卜杜拉·阿齐兹·本·萨勒曼·沙特亲王（Prince Abudulaziz bin Salman Al－Saud）：沙特阿拉伯能源部长。

罗伯特·布朗（Robert Brown）：美国波士顿大学校长。

穆罕默德·贾西尔博士（Dr. Muhammad Al－Jasser）：沙特皇家法院顾问。

哈西姆·亚玛尼教授（Prof. Hashim Yamani）：阿卜杜拉国王城原子能和可再生能源部长。

基思·奥尼恩思爵士/教授（Prof. Sir Keith O'Nions）：剑桥大学剑桥企业董事长。

3. 重点研究领域

研究中心对中东、北非、中国、印度等全球重要区域和国家开展研究，研究视角兼顾上述国家和地区的社会政策影响以及对国际能源市场的外溢影响，致力于沙特阿拉伯本国能源低耗、能源高利用率、能源政策的有效实施。研究中心的研究具有创新性、服务社会和专业性三个特点，研究项目不仅局限于国内，还涉及全球能源的研究，包括海水淡化技术、能源勘探与生产、炼油、化工等领域。具体研究项目包括：（1）高效使用工业能源；（2）沙特混合能源转型；（3）能源生产力的决定因素——针对39个国家的比较研究；（4）海水淡化处理能力的比较研究；（5）发展中经济体和自然资源收入研究；（6）东非地区宏观经济面临的挑战；（7）海湾合作委员会国家经济和能源模式等。

4. 主要研究力量及研究成果

研究中心设立国际咨询委员会，对中心开展的项目和研究课题提供咨询意见。国际咨询委员会每年召开一次会议，成员来自于不同国家和地区。

（1）马吉德·莫内夫博士（Dr. Majid Al – Moneef）：沙特阿美石油公司最高经济委员会秘书长。

（2）图尔基·沙特博士（Dr. Turki Al – Saud）：阿卜杜拉国王城科学与技术部长。

（3）蔡金勇博士（Dr. Jin – Yong Cai）：TPG公司合伙人。

（4）苏尼塔·纳瑞恩博士（Dr. Sunita Narain）：非营利组织科学与环境中心主任。

（5）理查德·纽维尔博士（Dr. Richard Newell）：未来能源组织首席执行官。

此外，研究中心的官网上还列出包括访问学者在内的81位研究人员名单，他们来自法国、英国、加拿大、意大利、印度等多个国家，体现了研究中心鲜明的国际化和多元化特色。

研究中心的主要出版物是基于能源政策、交通和燃料需求的未来、地区能源市场、气候变化政策及治理、全球石油市场未来、天然气市场未来等研究项目所形成的各种研究报告和时事评论，紧盯热点问题，及时发布相关成果。研究中心公布的研究报告总数为445份，其中近期发布的报告包括：2020年5月28日的《新冠肺炎疫情下的沙特阿拉伯就业情况：初期评估》（COVID－19 and Employment in Saudi Arabia：An Initial Assessment）、5 月 21 日的《如何克服在海合会和中东北非地区培育功能完善的电力市场的各种挑战》（Overcoming Challenges to Developing a Well－Functioning Electricity Market in GCC and MENA）、5 月 20 日的《新冠肺炎疫情对交通和汽油需求的影响》（The Impact of COVID－19 on Transport and Gasoline Demand）、4 月 27 日的《海合会国家原油储量指标》（Crude Oil Reserves Metrics of GCC Members）。

此外，研究中心对中国的能源转型、能源政策以及能源发展有着专业深入的研究，并专门开展了“中国‘一带一路’倡议及对沙特阿拉伯的影响”的研究项目，发布了相关研究报告。2019 年 7 月 2 日，研究中心的“交通和能源需求的未来”课题组召开了为期一天的研讨会，探讨的问题包括：在“一带一路”背景下，如何实现中国的“一带一路”倡议和沙特阿拉伯的“2030 愿景”的有效对接；“一带一路”经济中能源投资的现状和趋势；中沙两国密切合作的背景下，提升石化生产价值链的机遇、障碍和影响等。

（三）费萨尔国王伊斯兰研究中心[①]（King Faisal Center for Research and Islamic Studies，KFCRIS）

1. 历史沿革及职能定位

1983 年 6 月 22 日，费萨尔国王[②]伊斯兰研究中心在沙特阿拉伯首都利雅得成立，隶属于费萨尔国王基金会，以实现其“费萨尔国王的梦想——让世界变得更美好”的使命，曾得到联合国教科文组织的帮助。研究中心强调支持传播费萨尔国王思想的相关研究，针对推动伊斯兰文明对世界文明的贡献开展富有特色的研究，支持并增强对伊斯兰文化与文明诸领域的

① 根据网站资源翻译整理，http：//kfcris. com/en。

② 费萨尔国王全名为费萨尔·本·阿卜杜拉·阿齐兹·沙特（Faisal bin Abdelaziz Al Saud，1906 年至 1975 年 3 月 25 日），出生于沙特阿拉伯首都利雅得，系沙特阿拉伯第三任国王、首任国王伊本·沙特的第四子，于 1973 年发动石油战争，成为阿拉伯世界的标志性人物。

研究，在资料方面为研究者提供必要的帮助，同时通过专题项目研讨班等方式，培训致力于伊斯兰各学科、阿拉伯语、社会科学的学者，以满足各伊斯兰国家对研究者的需求；为研究者了解伊斯兰传统提供图书分类等方面的目录；征集尽可能多的原稿、复本、书籍、刊物及其他印刷品与文献，丰富中心的图书馆、文献部；翻译与中心目标相一致的作品。中心包括费萨尔国王纪念大厅、伊斯兰艺术展览厅、手稿展览厅、修复手稿展览厅以及盲文部、手稿部、声像室、儿童图书馆和大型数据资料库等。另外，还有现代化会议厅及印刷、装订车间，出版报道研究中心活动消息的通讯及介绍世界各地研究伊斯兰文化状况与成果的期刊。

2. 机构设置

图尔基·费萨尔·本·阿卜杜拉·阿齐兹·沙特亲王（His Royal Highness Prince Turki Al Faisal bin Abdul Aziz Al Saud）是研究中心的主席，也是费萨尔国王慈善基金会创始人之一、董事。研究中心的秘书长为萨乌德·萨尔汉博士（Dr. Saud Al – Sarhan），他是英国埃克塞特大学社会科学与国际研究学院荣誉研究员，也是美国—阿拉伯国家关系委员会国际事务杰出研究员。

研究中心下设五大部门：安全研究所、当代政治思想研究部、政治经济研究部、北非与阿拉伯马格里布研究部、亚洲研究部。研究中心集伊斯兰研究、学术研究、政策分析、社会文化活动和颁发“费萨尔国王国际奖”等诸多功能为一体，是伊斯兰学术成果的收藏和研究机构，在伊斯兰世界较有影响。

3. 重点研究领域

（1）安全研究所：建立于 2018 年 4 月，旨在研究国家、区域和世界面临的威胁，如恐怖事件、非政府武装团体的威胁、区域争端、极端思想及其蔓延等。

（2）当代政治思想研究部：通过揭示政治运动中政治思想的发展，研究当代政治思想的兴起及其对伊斯兰教和阿拉伯社会政治结构的影响。

（3）政治经济研究部：成立于 2017 年，研究沙特阿拉伯与政治经济有关的一系列重要问题，包括能源、经济多样化、劳动力市场和人力资源开发等。

（4）北非与阿拉伯马格里布研究部：研究领域跨越地缘政治、政治、文化和社会研究以及该地区的发展。着重于研究和分析该地区的变化，并对马格里布地区政权和社会的变化、现象与未来进行评估；跟踪与分析各种社会政治领域的趋势和积极力量，并监测内部与区域冲突，追踪其来源及后果。

（5）亚洲研究部：成立于 2015 年，主要从政治、经济、社会、文化和宗教领域对东亚（中国、朝鲜、韩国、日本）国家社会进行研究。作为费萨尔国王研究中心内设的地域研究单位，亚洲研究部致力于促进阿拉伯世界内部对亚洲的整体了解。研究部还致力于加强关于亚洲问题、亚洲沙特阿拉伯关系、亚洲—阿拉伯国家关系的学术、媒体、政治交流与研讨。

4. 主要研究力量

（1）艾莱维·尔比达博士（Dr. Alevi Erbida）

阿拉伯语研究中心首席研究员，公共关系与文化事务部部长，从事费萨尔·本·阿卜杜拉·阿齐兹国王档案收集工作，致力于阿拉伯伊斯兰遗产、现代历史、现代文学、阿拉伯小说及阿拉伯故事中的女性研究。

主要研究成果（阿拉伯语）：《1973—2003 年约旦女性小说中的权利问题》，约旦大安曼出版社，2008 年出版；《1948—1985 年约旦女性小说中的妇女形象》，约旦文化部出版，1995 年出版；《格尔达基尼诗集研究》，载 1988 年 4 月的《文化杂志》。

（2）穆罕默德·赛比托里博士（Dr. Mohammad Sebituri）

马格里布研究中心主要研究员，专业为当代历史。

主要研究成果：《宰德派政治选举的历史尝试》，载《突尼斯社会科学杂志》，突尼斯社会经济研究院，2007 年出版（阿拉伯语）。《也门赛莱菲主义运动和现代化》，与弗朗索瓦·波吉亚（Francois Borgia）合著，《也门年鉴》，法兰西考古和社会科学研究院，2002 年出版（法语）。译著：

《文明的相遇》，约瑟夫·卡巴（Joseph Kaba）和伊马努·图德（Imanu Tudor）著，费萨尔国王伊斯兰研究中心，2011 年出版。

（3）萨乌德·撒拉哈博士（Dr. Saud Salaha）

研究中心主任，当代政治思想研究部主要研究员，英国埃克塞特大学访问学者。主要研究方向：阿拉伯半岛、伊拉克和叙利亚政治及社会变化，伊斯兰政治团体思想研究，伊斯兰思想中的暴力及其根源研究。

（4）萨尔德·苏亚奈博士（Dr. Sard Suyanai）

高级研究员，曾任沙特阿拉伯国王大学社会学教授，从事阿拉伯半岛诗歌和口述历史研究。

（5）萨米·阿米奈·古塔提（Sami Amine Gutati）：当代政治思想研究部非常驻研究员。

（6）费萨尔·艾布·哈桑（Faisol Abe Hassan）：当代政治思想研究部常驻研究员。

5. 主要研究成果

（1）《费萨尔》杂志：1977 年 1 月创刊，6 月第一期发行。杂志从发刊之初，刊登宗教、语言、文学、遗产、思想、艺术、经济等多个主题的文章，以及原创诗歌和小说。

（2）《语言研究杂志》：季刊，主要关注阿拉伯语法、词法、韵律和语言学。

（3）科学期刊网址（电子期刊）：http：//www. alfaisal - scientific. com/。

此外，研究中心不定期发布《特别报告》，跟踪地区热点问题。最新的报告有：2020 年 4 月 28 日的《红海和平倡议：沙特阿拉伯在厄立特里亚和埃塞俄比亚恢复友好关系中的作用》（Red Sea Peach Initiative：Saudi Arabia's Role in the Eritrea - Ethiopia Rapprochement）、2 月 20 日的《遏制也门的胡塞武装：中国的阿富汗调停策略的重复?》（Engaging the Houthis in Yemen：A Repeat of China's Afghanistan Meditation Strategy?）、1 月 26 日的《伊朗网络攻击能力》（Iran's Cyberattack Capabilities）等。

（四）阿卜杜拉·阿齐兹国王大学伊斯兰经济研究院①（Islamic Economics Institute，King Abdul Aziz University）

1. 历史沿革及职能定位

阿卜杜拉·阿齐兹国王大学建于1967年，是一所致力于在沙特阿拉伯西部开展高等教育的国立大学。伊斯兰经济研究院隶属于阿卜杜拉·阿齐兹国王大学，成立于1976年，主要从事科研工作。经过30多年的学术研究积累，研究院目前开展教育培训，并授予学位，是沙特阿拉伯第一家专业的伊斯兰经济研究院。

2. 机构设置

研究院下设学院发展部、行政部、高等研究部和学院通讯社，院长为阿卜杜拉·古莱巴·图莱斯塔博士（Abdullah Qurban Turkistani），常务副院长为费萨尔·穆罕茂德·尔巴尼（Faisal Mahmood Atbani），副院长穆罕默德·阿卜杜拉·阿密德·奈绥法博士（Mohammad Abdullah Naseef）负责学院发展部，副院长尤素福·阿卜杜拉·巴苏达博士（Yousef Abdullah Basodan）负责研究部和研究工作，行政主管为哈塞麦·瓦黑达（Haitham Waheed）。

3. 重点研究领域

研究院致力于在伊斯兰经济和应用经济领域内扮演先锋角色，为伊斯兰经济领域的研究提供良好的学术环境和丰富的资源，仅2015年就出版8本专著。研究院已经与许多国际学术机构建立合作关系，其中最重要的是与法国巴黎第一大学索邦学院（the University of Paris 1 Panthéon Sorbonne）和西班牙的企业学院（IE University）建立了长期合作研究关系。

研究院每个月均在萨利赫·卡麦勒图书馆与法国巴黎第一大学索邦学院举行视频研讨会，每周三内部研究员会在研究所内举行约1.5小时的“周三会议”，由伊斯兰经济研究院及院外研究员参加，研究主题聚焦伊斯兰经济和伊斯兰教法学中的金融问题。

---

① 根据网站资源翻译整理，http：//iei. kau. edu. sa/Default. aspx？Site ID = 121&lng = EN。

4. 主要研究力量

阿卜杜·阿绥姆·伊苏莱哈博士/教授（Abdul Azim Islahi）：中心的一位多产研究员，出版了英文著作《穆罕默德·哈密德拉及其在伊斯兰经济研究中的突出贡献》《18 世纪的伊斯兰经济思想》《17 世纪穆斯林经济思想研究》和《天课：一种参考》等。

其他研究人员包括：（1）穆努莱·伊格巴莱（Munwar Iqbal）博士/教授；（2）穆罕默德·穆阿绥姆·巴拉（Mohamed M Billah）博士/教授；（3）阿里·纳德维·艾哈麦德（Ali Al Nadwi Ahmed）博士；（4）阿卜杜·凯里姆·法杜拉·拜士拉（Abdul Karim Fadul Al Bashir）博士；（5）艾哈麦德·玛哈迪·拜瓦非（Ahmed Mahdi Belouafi）博士；（6）阿卜杜拉·莱宰高·萨尔达·布尔巴斯（Abdul Razzaq Belabes）博士；（7）瓦力德·本·麦绥法·曼苏尔（Waleed Ibn Al Munsif Mansour）博士；（8）阿卜杜·阿绥姆·伊苏莱哈（Abdul Azim Islahi）博士/教授。

5. 主要研究成果

（1）刊物

《阿卜杜拉·阿齐兹国王大学伊斯兰经济研究》杂志是由研究院发行的伊斯兰经济学领域的第一本专业杂志，1983 年发刊，1987 年起实行一年两刊、英阿双语发行制度，2009 年杂志入选 Scopus 索引目录，目前仍是该索引中唯一一份关于伊斯兰经济研究的杂志。

（2）专著

《伊斯兰法中的金融准则》：阿里·艾哈麦德·纳达维（Ali Ahmed Nadavi）著，阿卜杜拉国王大学科学出版中心出版；《伊斯兰经济思想史》：阿卜杜拉·阿齐兹·伊斯拉哈（Abdul Aziz Israha）著，英国爱德华·埃尔加（Edward Elgar）出版社出版；《伊斯兰法和世俗法律之间对保险的界定——以法国和黎巴嫩的法律为例》：艾琳·纳米博士（Dr. Irene Nami）著，巴黎大学法律研究所出版。

二、沙特阿拉伯智库的特点

作为中东地区的传统大国和海湾地区合作委员会的重要成员国、世界上最重要的产油国和石油输出国组织（OPEC）的实际掌控者，以及伊斯兰教的发源地和整个伊斯兰世界的宗教引领者，沙特阿拉伯高度重视智库的建设和发展，大多数智库得到政府、王室、利益集团、基金会等的经济支持，有的智库直接由王室成员管理，研究经费比较充足，为智库的正常运转和开展高水平的国际合作奠定了坚实基础。从上述对沙特阿拉伯 4 家代表性智库的研究中，可以清晰地看出沙特阿拉伯智库的研究特点、议题设置和研究成果，体现出浓厚的国家特点和王室色彩。

一是突出沙特阿拉伯作为海湾地区大国的特点，突出海湾地区的整体研究，特别是对与海湾合作委员会国家和海湾地区地缘政治相关的问题进行客观的学术研究，为沙特阿拉伯在海湾地区发挥领导性作用提供决策参考。二是关注石油产业和能源发展研究。专门设立了阿卜杜拉国王石油研究中心，是全球为数不多的以王室成员直接命名的研究中心，全面研究沙特阿拉伯石油产业的发展以及全球能源供应与可持续发展问题，这足以说明石油产业在沙特阿拉伯经济体系中的支柱作用。三是重视伊斯兰经济研究，由于伊斯兰金融体系与现存的世界金融体系特点迥异，阿卜杜拉·阿齐兹国王大学伊斯兰经济研究院致力于从学理层面为伊斯兰经济的研究和应用领域提供支持。四是高度重视对伊斯兰文化和阿拉伯语研究，对当代政治思想及其在中东和伊斯兰世界的政治运动中的发展进行深度研究，致力于伊斯兰文化的传承，为维护沙特阿拉伯在全球伊斯兰世界中的领导作用提供智力服务。五是部分代表性智库国际化程度较高，管理层和研究人员中均有外籍人员，并注重与美国、欧洲等智库建立长期制度化的合作模式。

综上所述，本章对海湾地区智库的总体情况进行了分析，在此基础上，选择海湾地区大国沙特阿拉伯的智库进行案例研究，并对海湾研究中心、阿卜杜拉国王石油研究中心、费萨尔国王伊斯兰研究中心、阿卜杜拉·阿齐兹国王大学伊斯兰经济研究院等4家智库的历史沿革与职能定位、机构设置及研究领域、研究力量及研究成果进行了专题分析，总结了沙特阿拉伯智库的特点。

 第四章　沙姆地区的代表性智库 

沙姆地区包括约旦、黎巴嫩、叙利亚、巴勒斯坦 4 个国家。根据 2013—2018 年《全球智库指数报告》中的统计，沙姆地区的智库数量分别为 126、127、74、74、97 家，在过去 6 年中呈现出从高点到大幅下降再到大幅增长的趋势。其中比较知名的智库有约旦大学战略研究中心（Gulf Research Center，CSS）、黎巴嫩卡耐基中东研究中心（Carnegie Middle East Center，Lebanon）、叙利亚战略和政治研究中心（Syrian Center for Political and Strategic Studies）、巴勒斯坦国际事务研究学会（Palestinian Academic Society for the Study of International Affairs）等。

中东剧变前，巴以问题一直是中东问题研究中的核心议题，有一大批以巴以问题作为主要研究议题的智库。中东剧变后，影响最为深刻的地区是沙姆地区，特别是叙利亚内战的爆发对整个沙姆地区的安全和稳定造成严重威胁，叙利亚难民、恐怖主义蔓延等是整个地区面临的重要问题。受到政治环境动荡的影响，在整个中东地区，沙姆地区近年来整体经济和社会发展最为缓慢，智库发展也受到较大冲击。本章选择沙姆地区中政局相对稳定的约旦和黎巴嫩两国的智库进行案例分析。

第一节　约旦的智库

约旦属于海湾地区中的发展中国家，经济基础薄弱，资源比较贫乏，可耕地面积较少。约旦的高等教育发达，1962 年建立的约旦大学在 2019—2020 年 QS[①] 世界大学排名榜中位列世界排名第 601—650 名。约旦通过高等教育体系，为海湾地区培养了大量人才，截至 2018 年，约旦在海湾国家的侨民中 83. 8% 的人拥有本科及以上学历，平均年收入为 73438 第纳尔，[②] 侨汇收入因此成为约旦的主要收入来源之一。约旦历史上与巴勒斯坦的渊源使其周边地缘问题非常复杂，加之其拥有大批高质量的人才，国内的智库迅速发展，并在海湾地区具有一定的影响力。

一、约旦的代表性智库

（一）约旦大学战略研究中心[③]

1. 历史沿革及职能定位

约旦大学战略研究中心成立于 1984 年，位于约旦首都安曼的约旦大学校内，是约旦大学下属的重要研究中心，也是约旦大学下设的第一个研究中心。研究中心初建时期的主要研究领域是地区冲突、国际关系与安全事务。1989 年，时任约旦国王侯赛因解散政府并举行议会选举，同时开始采取开放民权的系列措施。在此政治背景下，研究中心的研究范围逐渐扩展到政治多元化、民主、发展、环境保护等领域。研究中心利用身处大学的

---

① QS 世界大学排名（QS Wrold University Rankings）是英国国际教育市场咨询公司 Quacquarelli Symonds（简称 QS，中文名夸夸雷利 · 西蒙兹公司）所发表的年度世界大学排名。

② 转引自孙慧敏、李茜：“约旦现代化进程中的社会结构变化”，《阿拉伯世界研究》2020 年第 1 期。

③ 根据网站资源翻译整理，http：//ww. jcss. org/。

便利，通过开展研讨、举办会议、撰写报告及评论等方式，就事关约旦和地区安全、稳定、发展的各项议题进行信息收集和研究，并提供相关领域的咨询。研究中心经常开展民意调查，将民众的意见和想法向外、向上传递，体现了研究中心的民主诉求。研究中心的运转得到约旦王室及政府、约旦大学、安曼市政府的大力支持，还得到德国艾伯特基金会、英国驻约旦大使馆等西方政府或非政府组织的帮助。

2. 机构设置

研究中心组织架构完善、分工明确。领导机构是理事会，约旦大学校长任理事长。理事会委任中心主任，由其负责研究中心的日常运转。研究中心主任麾下设三大部门：一是政策与研究部，并细分为政治与社会、安全与战略、经济三大研究板块，其中政治与社会研究是重点，下设政党与社会运动、政治社会学、政治与地区研究三个研究方向；二是民意调查部，分田野调查和统计分析两大部分；三是后勤与公关部，分为管理与技术、交流与活动两个办公室。研究中心专职研究人员不多，大量聘请约旦大学相关科研人员作为兼职研究员，开展课题研究。

研究中心主任为穆萨·沙塔维（Musa Shteiwi），其 1991 年在美国辛辛那提大学获得社会学博士学位，后长期在约旦大学社会学系任教，主要研究领域为人权、性别研究等，擅长政策性研究和民意调查。曾领导过约旦多个大型研究和全国性调查项目，也曾为联合国经济与社会理事会做过西亚研究方向的咨询。参与编写社会学、妇女研究、市民社会等领域的相关书籍和多篇论文，2001 年曾因在妇女研究领域的杰出成果得到约旦政府的奖励。

3. 重点研究领域

研究中心的重点研究领域分为国内和地区两部分。一是约旦本国研究，涵盖国家发展规划、社情民意、经济状况、政治改革、政党、阶层、思潮、政治伊斯兰组织等各个方面。二是中东地区问题研究，涉及伊朗核问题、巴林局势、巴勒斯坦问题、北非地区经济一体化等多个方面，上述问题与约旦的自身安全、发展密切关联。此外，由于约旦地处近东，与欧洲相对靠近，研究中心对欧盟与约旦的合作开展专项研究。

研究中心有两大重点研究项目：（1）“约旦2030远景规划”。这是约旦大学2013年发起的、由战略研究中心执行的全国性研究项目，旨在对约旦未来发展面临的挑战进行全面评估，规划“最好”“最差”“最现实”的三种图景，并设计一条务实的五年发展规划，最终为国家高层建言。（2）政治伊斯兰势力研究。约旦王室一直担心“穆斯林兄弟会”等政治伊斯兰势力对王权的稳定构成挑战，在中东剧变后，上述不稳定因素更加明显。研究中心对政治伊斯兰势力进行了系列研究，如对“约旦穆斯林兄弟”会内部运作的研究、对萨拉菲派的研究、对伊斯兰分子与国家关系的研究等，政治伊斯兰势力研究是研究中心的长期跟踪项目。

4. 主要研究力量

穆罕默德·阿布·鲁曼（Mohammad Abu Rumman）于2011年起担任中心研究人员，写作、研究能力俱佳。早年在约旦获得政治学学士、硕士学位，后在埃及开罗大学经济与政治科学系获得博士学位，研究方向是政治学理论。毕业归国后曾长期担任约旦一家著名报社的编辑。鲁曼的研究主要集中在政治思想和伊斯兰运动领域，发表《后扎卡维时代约旦的萨拉菲圣战分子》《哈马斯的挑战与约旦政策》《温和伊斯兰：美国外交的困境》等研究报告，参与撰写《伊斯兰的整容术：土耳其正义与发展党经验评估》《走向一个开化与民主的伊斯兰》等书籍。

5. 主要研究成果

研究中心的出版物主要为电子书籍、报告及其对应的纸质版本，多为阿拉伯语，英文版多由德国艾伯特基金会资助出版，内容与研究中心的重点研究方向高度匹配。一是书籍，近年来出版的主要有《萨拉菲派的转变：重要性、影响和前景》《媒体在民主中的角色：以约旦为例》《应对危机：约旦境内叙利亚难民处置研究》和《约旦和以色列：十年之后》等。二是政策报告，近年来出版的主要有《叙利亚和黎巴嫩的巴勒斯坦难民：社会状况及其反响》《约旦—欧盟行动计划的执行：独立评估》《约旦部族暴力：历史背景与当前问题》和《伊朗核研发导致军事对抗的前景》等。

三是民意调查，主要针对国内议题，比如收集民众对约旦历届政府执政情况、约旦民主化进展、社会问题、恐怖主义威胁等的看法。

（二）阿拉伯思想论坛[①]（Arab thought forum，Jordan）

1. 历史沿革及职能定位

阿拉伯思想论坛是一家非政府智库，成立于1981年，位于约旦首都安曼。论坛初建时正值1980年第11届阿盟首脑峰会在安曼召开之后，当时的阿拉伯世界处于对以色列连战连败、埃及与以色列媾和之后的迷茫与危机之中。在此背景下，阿拉伯思想论坛成立的宗旨在于研讨和分析阿拉伯世界形势，探究阿拉伯世界的未来，追求阿拉伯世界的联合、发展、安全、自由和进步，并为此提供智力支持与解决方案。论坛的成立得到约旦王室的大力支持。论坛的对外交流极为广泛，与多家国外智库建立了交流关系或签署了合作备忘录，包括印度亚洲战略研究中心、土耳其战略思想研究所、埃及外交事务委员会、巴基斯坦伊斯兰堡政策研究所、韩国济州和平研究所等。

2. 机构设置

论坛虽然有王室支持的背景，但组织架构比较简单。从性质上看，论坛是一个“平台性”的智库，即自身不具备实质性的研究能力，主要是作为学术交流和公共政策的平台，举办相关会议，为各方专家提供发表意见、辩论政策的机会。

论坛主席为哈桑·本·塔拉勒亲王（Prince Hassan bin Talal），1947年出生，是约旦第二代国王塔拉勒的三儿子，也是约旦第三代国王侯赛因的胞弟、约旦第四代国王即现任国王阿卜杜拉二世的叔叔，地位显赫。塔拉勒亲王受过良好教育，青少年时期赴英国哈罗公学读书，后进入牛津大学基督教会学院学习，获得东方研究硕士学位。亲王热心公益与学术，是多所大学的名誉博士，担任“国际危机组织”“罗马俱乐部”等多家非政府

① 根据网站资源翻译整理，https：//www. atf. org. jo/。

机构的顾问甚至主席，亲手创办了约旦国内的一些科研和非政府机构。论坛由塔拉勒亲王创办，活跃于外交政策和治国理政领域，而且塔拉勒本人的地位与名气也极大地提高了论坛的影响力。

3. 重点研究领域

论坛的主要研究领域包括：约旦本国的政治、经济、社会研究；阿拉伯世界的发展与变革研究。

4. 主要研究力量

论坛的代表性研究人物为穆罕茂德·阿布·哈默尔（Mohamood Abu Hamur），1961 年出生，学者型官员。在约旦获得硕士学位，后赴英国萨里大学获得经济学博士学位。毕业归国后进入约旦央行工作，1999 年进入财经部工作，2003—2005 年、2009—2011 年两度出任财经部部长。在专业方面著述颇丰，出版《约旦财产税》《在约旦吸引外资》《伊斯兰内部债务工具》《约旦财政赤字对国民收入和货币供应的影响》等专著。

5. 主要研究成果

论坛出版两种刊物。一是《每周通讯》（*Weekly Newsletter*），阿拉伯语。虽名为周刊，实际出刊频率为每个月 1—2 期。主要内容包括约旦国内政治、经济等领域的新闻摘编（并附有相关链接），以及关于论坛各类活动、中心负责人各项活动的报道。二是论坛官方杂志《论坛》，发表各类学术论文，不定期出版，出刊频率是每年 2—3 期，截至 2018 年已出刊 300 多期，2013 年后提供电子版。每期《论坛》均有一个明确主题，围绕该主题刊载 4—5 篇系列研究文章，比如第 263 期的主题是“青年与抵御极端主义”，第 265 期的主题是“世界变局下的阿拉伯经济与独立发展”；此外也发表一些其他方面的论文。每期均有书评板块，一般以西方或阿拉伯世界的专著作为评论对象。

（三）约旦圣城政治研究中心[①]（Al－Quds Center For Political Studies，University of Jordan）

1. 历史沿革及职能定位

约旦圣城政治研究中心成立于1991年，总部位于约旦首都安曼，2012年在黎巴嫩首都贝鲁特开设分支。研究中心强调维护民权、发展民主，其宗旨是更深入地理解约旦和阿拉伯世界政治改革、民主转型过程中的挑战，推广"平等公民权利"、民主、自由、包容、法治、尊重他者等现代观念，增强公民对政治的参与和监督以及媒体的独立性。中心既从事书面研究，撰写研究报告；也重视社会实践，发挥社会作用，比如对政党、民众参政提供一些指导和培训。研究中心自称是独立智库，与任何党派或具有党派倾向的机构均无瓜葛，其在黎巴嫩的分支同样是非营利性机构。研究中心对外交流广泛、联络丰富，既与智库、研究机构交流切磋，也同非政府组织、政治活动家、知识分子等建立密切关系。研究中心的研究项目得到一些西方国家或国际组织的支持，主要提供资助的有联合国近东巴勒斯坦难民救济和工程处、牛津大学、欧盟等。同时，中心利用其资源、人脉建立了一批地区性的民间组织网络和团体，比如"阿拉伯议会监督民间网络""改革媒体立法市民联盟"等，并借此扩大影响力。

2. 机构设置

研究中心成立时间不长，因此组织架构比较简单，专职工作人员共9人，包括：研究中心主任、行政主管、行政助手、经济助手、会计、研究主管各1人和3名研究人员。

3. 重点研究领域

研究中心自创建以来，在政治伊斯兰研究方面颇有建树，并逐渐形成三大重点研究领域。一是政治伊斯兰研究，即研究约旦和阿拉伯世界如何在信仰伊斯兰教的前提下，实现政治民主化。因为在中东地区，政治体制若不包含伊斯兰因素则不可能发展出健全的民主，而现代伊斯兰运动不包

① 根据网站资源整理，http：//www. alqudscenter. org/。

含民主、民权成分也不可能发展出成功的政治伊斯兰模式。二是约旦政治改革、政治党派研究，即研究约旦政治改革面临的问题，以及政党、各类政治团体或非政府组织在此过程中扮演的角色。三是巴勒斯坦相关问题研究。约旦属于“大巴勒斯坦”地区，国内生活着大量巴勒斯坦难民的后裔，因此巴勒斯坦的政治变革、巴勒斯坦难民问题也是中心的关注重点之一。

4. 主要研究力量及研究成果

研究中心现任主任为奥里布·兰塔维（Oraib Rantawi），1955 年 10 月出生。20 世纪 70 年代进入约旦大学学习政治学，掌握阿拉伯语和英语。1995 年进入约旦一家报社工作，撰写中东地区事务方面的社论和专栏文章，2002 年成为约旦新闻记者协会会员。1999 年创立约旦圣城政治研究中心，并担任负责人至今。兰塔维兼有学者和媒体人双重身份，文笔与研究能力俱佳，还经常担任电视时事评论员。主要关注领域是政治、社会行动、公民权利、经济赋权等，主编过多本有关约旦政治和社会状况的书籍。

研究中心出版物分为两大类，基本上是阿拉伯语，多数有电子版。一是刊物《战略评论》（*Strategic Review*），共出过 9 期，2008 年后基本停刊。已出版的《战略评论》每期都研究一个约旦或中东地区或阿拉伯世界的政治问题，比如《被德黑兰劫持的什叶派抵抗运动》《非洲之角：地方和地区冲突的剧场》《检视第六次战争（2006 年黎以冲突）》《“基地”组织近年活动特刊》及《美国政策与伊朗的核挑战》等。二是书籍。中心出版书籍较多，多年来一直未中断，总量达 40 余本，包括《约旦违反媒体与新闻自由的行为》《约旦政党法的设计》《约旦议会审查报告》《约旦政党培训手册》《阿拉伯世界的选举与民主转型》《追求伊斯兰民主的话语》《对约旦穆斯林兄弟会（1999—2008）的分析》《约旦模式的宗教与国家》《政党中的女性角色》《对苏丹、利比亚、索马里制裁的合法性问题》《阿拉伯世界的政党：现实与前景》《基督徒与阿拉伯之春》和《车臣冲突中的伊斯兰运动》等。这些书籍切合时代主题和地区问题，尤其是对约旦的政治和社会改革做了非常专业的调查研究，体现了中心的学术高度。著作出版多得到德国阿登纳基金会的资助。

（四）阿拉伯安全研究所[①]（Arab Institute for Security Studies）

1. 历史沿革及职能定位

阿拉伯安全研究所成立于1995年，位于约旦首都安曼，建立时得到约旦王室的资助，并挂靠在约旦大学名下。研究所的宗旨是实现世界和平、地区稳定，致力于对安全局势做出精准的分析，聚焦于军事、安全、核武等议题，并对紧迫问题提供政策建议，研究内容的实践性较强。比如，从生态安全角度出发，研究所力主建立了“伊拉克生化危险监控委员会”，并且拥有监测和检测生化、放射性危险品的技术能力。研究所对外交流广泛，不仅通过学术会议等形式邀请各方专家，也邀请外国智库团组到访。如2015年8月，研究所邀请伊朗国际问题研究所（IPIS）所长穆斯塔法·扎赫拉尼（Mostafa Gahrani）率团到访。

2. 机构设置

研究所组织架构有其特色，突出实用性。研究所下辖两大业务板块。一个板块是研究部门，分为国际安全研究部、核安全（包括大规模杀伤性武器）研究部。另一板块是组织活动部门，包括：（1）培训部，负责组织有需求或感兴趣的人士参加军事安全领域的课程与培训，比如2008年10—11月间开办的“战略领导力和联合行动”培训班，2010年6—7月间开办的“安全政策与多边外交”高级培训班，授课方均是北约组织派出的专家。（2）会议部，负责组织学术研讨会，近年来研究所承办的大型会议包括2012年“中东无核区、核安全与地区合作”会议、2015年“中东能源安全——地缘政治、安全挑战与可持续供应”会议。研究所每隔一两年都会举办以核问题、能源问题为主题的会议。（3）媒体部，主要负责学术成果的出版，以及制作一些声像节目。比如该所曾制作一部“外交与安全

① 根据网站资源翻译整理，http://www.acsis.org/。

术语”的科普视频，并在约旦电台播放，旨在将相关知识、意识介绍给普通民众。

3. 重点研究领域

研究中心开展关于国际安全和核武器两个领域的研究。(1) 国际安全研究：外交政策分析、环境安全、生物安全、灾难管理和风险消除。(2) 核武器研究:《不扩散核武器条约》的升级、放射源检测、2010 年《安曼框架协议》的实施。

4. 主要研究力量

研究所的实际负责人为艾曼·哈利勒（Ayman Khalil），1995 年在英国雷丁大学获得理论物理学博士学位，后进入联合国系统工作，担任过联合国部分机构在海湾国家的联络官。哈利勒是中东地区核领域的知名专家，多次发表核安全、能源等领域的研究报告，也曾主编过《约旦外交政策白皮书》等作品。

5. 主要研究成果

研究所出版物较少，主要产品是每月一期的《安全月报》（*Security Bulletin*），主要跟踪当前国际和地区安全局势，包括军事开支、安全机制、相关会议等，最终分送给决策部门。此外，研究所也翻译了一些重要文献。

二、约旦智库的特点

约旦地理位置特殊，与以色列、叙利亚接壤，叙利亚问题对约旦的影响和冲击巨大，因此智库除了关注本国的核心国家利益和国内现实问题外，还将研究对象扩大至整个中东地区。约旦智库的议题设置体现出以下特点：一是重视政治伊斯兰研究，研究约旦和阿拉伯世界如何在信仰伊斯兰教的前提下实现政治民主化进程，特别是政治伊斯兰势力对中东相关国家政局变化的影响。二是关注巴勒斯坦问题研究。巴以冲突造就了大批巴勒斯坦难民，约旦国内巴勒斯坦难民后裔人数众多，面临巨大的难民安置压力。巴勒斯坦的政治变革、巴勒斯坦难民问题是约旦智库必须研究的重点议题，同时巴以冲突又对约旦的安全产生严重影响。三是重视伊朗问题研究。约旦作为逊尼派国家，同时又是海合会成员国，对地区大国伊朗的深度研究也是约旦智库关注的重要议题。四是注重国际安全问题研究，核问题、恐怖主义问题是近年来约旦智库关注的热点领域，特别是如何在中东地区实现核不扩散，是约旦智库在安全领域关注的重点问题。

第二节　黎巴嫩的智库

黎巴嫩是中东小国，面积只有约1万平方公里，人口约460万，但优越的地理位置和自然禀赋使得这片土地自古以来就受到各种文明的滋养，拥有深厚的文化底蕴，成为中东地区最重要的文化中心之一。黎巴嫩受法国文化影响极深，追求自由、独立是黎巴嫩知识精英的突出特点，这对其智库发展产生了深刻影响。

一、黎巴嫩的代表性智库

（一）卡耐基中东研究中心[①]

1. 历史沿革及职能定位

卡耐基中东研究中心是独立的政策研究智库，总部位于黎巴嫩首都贝鲁特，成立于2006年。研究中心是卡耐基国际和平基金会的一个分支机构，但在日常运行、项目研究上保持一定独立性。研究中心开展对中东北非地区政治、经济、社会、安全等问题的深度分析。研究中心的专家是来

① 根据网站信息整理，https：//carnegie－mec. org/。

自世界各地的顶级学者，同时与卡耐基基金会其他地区中心的学者保持密切合作。研究中心旨在向相关决策者提供最新的研究成果和对策建议，加深国际学术界对中东地区问题的理解，并提供解决中东现实问题的新思路。研究中心设立顾问委员会，由中东知名的政界、商界领袖组成。近年来，卡耐基中东研究中心在学术界的影响力不断扩大，该中心学者撰写的研究报告、分析文章、媒体评论对中东问题研究具有重要参考价值。2016年，研究中心在宾夕法尼亚大学评选的中东北非地区智库排名中位列第一。

2. 机构设置

研究中心组织框架包括顾问委员会和行政办公室。顾问委员会由12位中东社会贤达组成，如美国斯坦福大学民主发展法治中心教授毛雷·阿劳维亲王（Moulay Hicham Ben Abdallah El – Alaoui）、新月石油公司首席执行官马吉德·贾法尔（Majid Jafar）、科威特国家银行前首席执行官易卜拉欣·达布多布（Ibrahim Dabdoub）等。顾问委员会为中心的日常运行提供总体决策建议和各类资源支持。此外，中心日常运行主要由行政办公室负责，目前日常职员有10余名，分别负责外联、媒体宣传、网站建设、人力资源、项目管理、会议组织等多项工作。目前中心主任为马哈·亚哈亚（Maha Yahya）、高级研究员亚兹德·赛义格（Yezid Sayigh），另有8名来自世界各地的访问学者。

3. 重点研究领域

研究中心的主要研究领域包括：中东地区各国政治、经济、社会问题、安全局势、国际关系，以及大国对中东政策、恐怖主义发展趋势等。研究项目包括：（1）中东政治：阿拉伯国家政治、伊朗政治、土耳其政治；（2）中东经济：能源问题、各国经济情况；（3）中东教育改革；（4）中东安全问题研究。

研究中心于2016年开展了对100名阿拉伯思想领袖的调查，受调查者强调了对专制、腐败、教育体系落后和失业等地区问题的担忧，以及“伊斯兰国”（IS）所带来的威胁或地区大国及外部势力所进行的干涉造成的影响。中东剧变5年后，阿拉伯民众在管理国家事务方面仍然鲜有发言权——在某些方面，民众的发言权甚至有进一步减少的趋势，受过良好教育的年轻人缺乏足够的工作机会。不建立有效可靠的制度、有意义的政治制衡及决策分权体系，任何国家都无法发展进步并为民众提供高质量生活。在国际社会关注“伊斯兰国”或伊朗在中东的破坏性作用的同时，绝大多数阿拉伯人则在关注如何改善自己的生活。

4. 主要研究力量

马哈·亚哈亚（Maha Yahya）为卡耐基中东研究中心主任，主要研究领域包括公民权、多元主义、社会公正、中东剧变的影响等。在加入该中心之前曾在联合国经社理事会担任顾问，负责西亚国家的社会、城市政策研究项目。曾经为联合国驻黎巴嫩发展项目工作，主持并参与2008—2009年度《联合国人类发展报告》的撰写工作。在国际组织供职期间，曾经发表多篇研究报告，如2004年的《面向综合发展的社会政策：中东和南亚的实践与社会转型》、2013年的《春天的承诺：民主转型的公民权与公民参与》。

亚兹德·赛义格（Yezid Sayigh）是卡耐基中东研究中心高级研究员，主要关注领域为叙利亚危机、阿拉伯军队的政治角色、阿拉伯转型中的安全部门改革、威权主义的新变化、巴以冲突、中东和平进程等。1994—2003年，担任剑桥国际研究中心副主任。1998—2003年，担任英国国际战略研究所中东项目主任。1991—1994年，在巴以和谈中担任巴勒斯坦代表团咨询顾问和谈判专家。加入卡耐基中东中心前，曾任英国伦敦国王学院教授。研究成果包括：2015年9月的《阿巴迪的第一年：伊拉克的前景如何?》、2015年6月的《碎片化的国家：利比亚和也门的安全部门改革》、2015年3月的《失去的机会：埃及突尼斯警察机构改革的政治分析》、2014年12月的《军队、民间与阿拉伯国家的危机》、2013年4月的《叙利亚反对派的领导层问题》等。

5. 主要研究成果

（1）阿特福·阿尔沙尔等著：《真主党现象：政治和交流》，牛津大学出版社，2014 年出版（*The Hizbullah Phenomenon: Politics and Communication*, Atef Alshaer, Dina Matar, Lina Khatib, August 15, 2014, Oxford University Press）。

（2）艾伦·拉斯特等著：《走上街头：阿拉伯行动主义的转型》，约翰斯·霍普金斯大学出版社，2014 年出版（*Taking to the Streets: The Transformation of Arab Activism*, Ellen Lust, Lina Khatib, April 16, 2014, Johns Hopkins University Press）。

（3）马尔万·穆阿什尔著：《第二次阿拉伯觉醒和多元主义之战》，耶鲁大学出版社，2014 年出版（*The Second Arab Awakening and the Battle for Pluralism*, Marwan Muasher, January 17, 2014, Yale University Press）。

（4）约翰·朱迪斯著：《创世纪：杜鲁门、美国犹太人与阿以冲突的起源》，法勒·施特劳斯·吉劳克斯出版社，2014 年出版（*Genesis: Truman, American Jews, and the Origins of the Arab – Israeli Conflict*, John Judis, February 4, 2014, Farrar, Straus and Giroux）。

（5）弗雷德里克·魏瑞著：《海湾的教派政治：从伊拉克战争到阿拉伯大起义》，哥伦比亚大学出版社，2013 年出版（*Sectarian Politics in the Gulf: From the Iraq War to the Arab Uprisings*, Fredric Wehrey, December 17, 2013, Columbia University Press）。

（二）黎巴嫩政策研究中心[①]（the Lebanese Center for Policy Studies）

1. 历史沿革及职能定位

黎巴嫩政策研究中心成立于 1989 年，系独立运营、无党派背景、非营利、非政府的智库，旨在提升黎巴嫩和阿拉伯地区的治理水平，提供具有参考价值的对策建议。研究中心主要研究项目和所推动的目标聚焦于五大领域：提高政治代表性、强化地方分权、推动油气部门透明化、支持创造就业政策、推动安全部门改革。在影响力方面，研究中心对于黎巴嫩的政

① 根据网站信息整理，http://www.lcps-lebanon.org/。

策制定发挥着较大作用，2006 年参与了布特罗斯选举法草案的起草工作，2014 年参与了地方分权法草案的起草工作。2013—2014 年间，研究中心与黎巴嫩石油部启动圆桌会谈，共同探讨黎巴嫩未来石油与天然气的开发利用。2014—2015 年间，研究中心与黎巴嫩工业部进行了多轮会谈，探讨商品出口过程中的阻碍和问题。

2. 机构设置

研究中心拥有一支较为年轻化、高效率、高素质的研究团队，其核心成员人数不多，但有能力吸引并组织黎巴嫩国内外相关领域的著名学者参与项目研究。研究中心董事会共有 6 名成员，每两年改选一次，现任主席为亚瑟尔·奥考维（Yasser Akkaoui），副主席为查迪亚·米奥奇（Chadia el Meouchi）。另外还有 7 人组成的执行团队，负责该中心日常行政事务，执行主任是萨米·阿塔拉（Sami Atallah）。目前，研究中心共有 27 名研究人员。

3. 重点研究领域

研究中心的研究重点为国内问题，其中包括选举法、政党政治、教派问题、行政改革、地方分权、经济发展、财政预算、工业贸易、能源环境等多个方面。此外，研究中心对国际问题的研究大多侧重于对黎国内产生的影响。开展的研究项目包括：（1）农业、工业、贸易方向。如何通过政府民间对话增进民主；阿拉伯世界的经济复杂性研究，探究创造出口和就业的机会；全球化时代的农业和农产品加工业的战略选择；未来欧盟—黎巴嫩伙伴协定对黎国内企业的冲击与影响；黎巴嫩农业产业：分析、前景和对策建议；黎巴嫩的酒店和餐饮业研究。（2）协商民主与宗派主义方向。贝鲁特的协会生活与公共空间：团结与多元的辩证研究；裙带主义与宗派主义对青年就业的影响；黎巴嫩的公民意识与公民教育。（3）地方分权化方向。黎巴嫩行政体系的地方分权；阿拉伯世界的地方分权化、民主化以及地方政府的角色；阿拉伯世界财政上的地方分权；提高公共治理水平：与黎巴嫩市政府携手改善地方财政。（4）石油、电力和环境方向。搭建油气领域研究的知识枢纽；管理天然气部门：黎巴嫩如何避免陷入“资源魔咒”；黎巴嫩环境问题的政策研究；加强公民社会机制建设，提高油气部门透明度和责任感；贝鲁特汽车尾气污染的经济社会影响。

4. 主要研究力量

亚瑟尔·奥考维教授，生于1969年3月22日，黎巴嫩国内社会活动家、学者。2005年以来，担任中东国家政府责任和透明度问题的专家。他经常受邀参加国际学术会议，围绕合作治理问题发表演讲。他的观点经常被学术书籍、报告引用，推动阿拉伯世界的政策改革。

萨米·阿塔拉为研究中心主任，研究重点为黎巴嫩国内政策挑战和政策辩论，主要领域包括地方分权改革、选举法、天然气政策等。他所学专业为政治经济学，曾任世界银行、欧盟以及联合国黎巴嫩叙利亚发展项目顾问。曾担任黎巴嫩财政部、工业部、内政部、市政部、总理办公室等政府机构的顾问，并在贝鲁特美国大学教授经济学和政治经济学。

5. 主要研究成果

研究中心已经用英语和阿拉伯语出版了66本专著与上百篇政策报告、简报和文章。2010年中东剧变后，研究中心发表研究报告，分析黎巴嫩在此轮中东北非大动荡中受到的各方面冲击，以及未来经济社会发展面临的机遇与挑战。报告认为，黎巴嫩在阿拉伯多国出现的大规模抗议示威中难以独善其身，其中邻国叙利亚的动荡对黎国内的冲击尤其严重。然而，类似突尼斯、埃及、叙利亚等国的大规模动荡在黎国内发生的可能性较小，最佳解决方案是通过渐进式改革解决国内矛盾，而非诉诸革命性的行动过程。虽然黎巴嫩国内已经开始改革进程，但改革效果需要更多时间和资源的投入。对于黎巴嫩政府来说，解决经济、社会问题是改革的首要目标。

研究中心出版的相关著作包括：

（1）《关于黎巴嫩行政体制的地方分权》（*About Administrative Decentralization in Lebanon*, October 1, 2015）。

（2）《叙利亚难民危机对黎巴嫩的冲击：提供服务和创造就业的挑战》（*The Repercussions of the Syrian Refugee Crisis on Lebanon: The Challenges of Providing Services and Creating Jobs*, January, 2016）。

（3）《阿拉伯大起义与变革的挑战》（*Arab Uprisings and Challenges of Change*, August, 2011）。

（4）《进入灰色地带：中东剧变对黎巴嫩经济的挑战》（*Entering a Grey Area: Lebanon's Economic Challenges in the Arab Spring*, August, 2011）。

（三）伊萨姆·法里斯公共政策与国际事务研究所[①]（The Issam Fares Institute for Public Policy and International Affairs at the American University of Beirut）

1. 历史沿革及职能定位

伊萨姆·法里斯公共政策与国际事务研究所（以下简称“伊萨姆·法里斯研究所”）成立于2006年，隶属于黎巴嫩美国大学，致力于提升政策研究水平和阿拉伯国家各国决策水平，增强中东学界与国际学界的互动，并对改善阿拉伯各国关系做出积极贡献。伊萨姆·法里斯研究所为各类不同观点的交锋提供了一个中立、开放、有活力的空间，主要活动包括学术会议、系列专题讲座、访问学者项目、发表研究成果。

2. 机构设置

研究所内设行政办公室、通讯部、政策效果实验室以及七大主要研究项目工程组，共有30余名高级研究员。所长为塔勒克·米特里博士（Tarek Mitri），副所长为纳斯尔·亚辛博士（Nasser Yassin）。

3. 重点研究领域

研究所的主要研究领域包括：公共政策方面：气候变化、青年政策、教育政策、社会公正与发展问题；国际关系方面：外交决策研究、巴勒斯坦口述历史档案、难民问题、联合国与阿拉伯世界，并开展了以下项目的跟踪研究：

（1）巴勒斯坦口述历史档案工程。项目主管汉娜·斯莱曼（Hana Sleiman）。项目研究目标是收集、整理、研究巴勒斯坦口述历史档案，近期目标是为

① 根据网站信息整理，https：//www. aub. edu. lb/ifi/Pages/default. aspx。

巴勒斯坦口述史建设多媒体网上数据库，以便于研究人员搜索和观看；中期目标是拓展巴勒斯坦的史料收集范围，覆盖面包括黎巴嫩和整个阿拉伯世界；远期目标是与当地社区和学术机构围绕档案工作建立机制，最大化利用口述史资料，传播相关知识和经验，为官方对历史解读的话语体系提供新的视角，丰富当代巴勒斯坦历史的研究。

（2）阿拉伯世界的气候变化与环境问题研究。项目高级协调员为拉娜·哈吉（Rana El Hajj）。主要研究气候变化对阿拉伯世界政治、经济、社会的影响，以及阿拉伯国家应对气候变化的政策选择。

（3）阿拉伯世界的教育和青年政策研究。项目高级协调员为汉娜·佳丽博士（Hana A. El－Ghali），研究聚焦于阿拉伯青年的教育和就业问题，探索提高受教育程度和就业水平的途径。

（4）国际关系项目。项目协调人卢丹娜·巴尔巴奇（Rudayna Al－Baalbaky）。国际事务是一个跨学科研究领域，包含政治、经济、历史、法律、社会学等多方面知识。项目旨在联系不同研究领域的专家，提供对当前世界政治变化动因、国家行为体与非国家行为体角色变化、国际事务决策等问题的分析。

（5）难民和阿拉伯世界决策项目。项目协调人为亚拉·毛拉德（Yara Mourad），研究聚焦于当前叙利亚难民对中东各国的政策影响。

（6）阿拉伯世界与联合国项目。项目协调人为萨马尔·加南姆（Samar Ghanem）。

（7）阿拉伯世界社会正义和发展政策项目。项目主管为拉米·库里（Rami G. Khouri）。

4. 主要研究力量

塔勒克·米特里（Tarek Mitri）教授，研究所所长，生于1950年9月，曾获巴黎第十大学政治学博士学位。主要研究领域为政治学、社会学，长期致力于促进黎巴嫩基督徒和穆斯林之间的团结与和平。2005年被任命为黎巴嫩环境与行政发展部部长。2008年7月被任命为黎巴嫩信息部部长。2012年9月被联合国秘书长潘基文任命为其特别代表以及联合国支持利比亚任务组组长。2014 年 10 月起担任贝鲁特美国大学伊萨姆·法里斯研究所所长。同时，还担任贝鲁特苏尔苏克博物馆董事会名誉主席。

纳萨尔·亚辛（Nasser Yassin）副教授是伊萨姆·法里斯研究所研究主任。获得伦敦大学学院发展规划学博士学位和伦敦政治经济学院发展学硕士学位，还在贝鲁特美国大学获得学士和硕士学位。研究领域和兴趣主要集中于转型国家的发展规划、内战后的国家重建等。研究重点为非国家行为体与社区在转型国家卫生与社会政策上的作用，并涉猎青年、难民等相关问题。

研究所的主要研究成果包括学术专著、工作论文、政策建议、分析简报等。2010 年 12 月启动的《阿拉伯起义研究》认为，中东剧变使得中东地区秩序陷入混乱，对传统的行为体和联盟关系造成冲击，各国政府、人民对地区事务的参与度都明显提高。美国和欧洲等西方国家在中东的影响力自 2011 年起不断衰退，但中东发生的各类突发事件又使得西方与中东的关系更加密切。在西方从中东收缩之际，其他全球大国行为体则开始加大在中东的影响，并通过直接或间接方式发生作用，虽然它们没有同步进行政策协调，但是它们在中东的利益共同点不断增加。对于当前的中东乱局，其他全球大国行为体和西方国家相比有着更加一致性的政策。近年来中东地区的局势发展说明，西方过去几十年主导的全球秩序正在衰落，并且受到非西方国家越来越强的挑战。

5. 主要研究成果

（1）马丁·瓦力驰著：《研究手册：联合国与阿拉伯世界》（Martin Wählisch, *United Nations in the Arab World*, January, 2015）。

（2）努普尔·库克里提、萨拉·贾马尔著：《黎巴嫩的贫困、不平等与社会保护》（Nupur Kukrety & Sarah Al Jamal, *Poverty, Inequality and Social Protection in Lebanon*, 2015）。

（3）纳萨尔·雅辛等著：《无处可居：黎巴嫩叙利亚难民收容政策反思》（Dr. Nasser Yassin, Tarek Osseiran, Rima Rassi, Marwa Boustani, *No Place to Stay: Reflections on the Syrian Refugee Shelter Policy in Lebanon*,

2015)。

(4) 纳迪姆·法拉加拉等著:《黎巴嫩保护水资源的道路》(Dr. Nadim Farajalla, Silva Kerkezian, Zeinab Farhat, Rana El Hajj and Michelle Matta, *The Way Forward to Safeguard Water in Lebanon*, 2015)。

(5) 易卜拉欣·阿卜杜勒·基里尔著:《气候变化谈判与阿拉伯国家历史回顾:以埃及为例》(Dr. Ibrahim Abdel Gelil, *History of Climate Change Negotiations and the Arab Countries: The Case of Egypt*, 2015)。

(四) 阿拉伯统一研究中心 (The Centre for Arab Unity Studies)

1. 历史沿革与职能定位

1967 年,阿拉伯国家在第三次中东战争中惨败于以色列军队,大批阿拉伯国家知识分子、学者、教师一致认为阿拉伯世界面临着严峻危机,比历史上任何时候都需要更加紧密地团结起来,于是这批阿拉伯仁人志士开始积极振兴长期停滞不前的“泛阿拉伯主义”运动。但在最初几年,这些行动都局限于个人和少数群体的努力,没有形成规模效应。1975 年 1 月,贝鲁特的多份报纸发表一份共同宣言,呼吁建立阿拉伯统一研究中心。该宣言由 32 位阿拉伯世界知名知识分子和教育界人士共同签名,并呼吁为了在政治、军事、经济方面对抗“犹太复国主义”和帝国主义的威胁,应尽快为促使阿拉伯团结起来而进行严肃、认真的研究。这份宣言称,阿拉伯的团结有利于阿拉伯国家加速经济社会发展、提高国际影响力、巩固国防实力。宣言还强调,所有工业化国家的发展都日新月异,阿拉伯国家只有团结起来才能解决发展中的难题,避免分裂和倒退。宣言中称,新成立的阿拉伯统一研究中心应该“对与阿拉伯社会发展、阿拉伯团结有关的问题进行独立、科学、系统化的研究,摆脱政府、党派、宗教等因素的影响”。研究中心自成立以来,组织、资助阿拉伯世界的各国学者围绕政治、经济、社会、国际关系等议题进行深入研究,并定期组织学术研讨会,对外出版刊物,具有较大社会影响力。

阿拉伯世界的统一事业不仅是多层次的问题，而且是一个需要分阶段解决的问题，政治上的统一是该项事业的终极目标。为了实现这一长远目标，需要分清主次、理顺阶段，设定渐进的、可持续的、可预期的方案，避免因暂时的危机或挫折而中断。阿拉伯世界以外的一体化经验可以作为阿拉伯事业的有益借鉴，为阿拉伯国家自身的团结统一提供指导。阿拉伯世界各年龄、各阶级、各派别的集团都应以自己的方式为阿拉伯统一贡献力量，这也是研究中心的奋斗目标和努力方向。

2. 机构设置

研究中心的组织架构包含三大机构：董事会、执行委员会和总秘书处。

董事会主要由创始成员组成，负责监督研究中心的活动和执行委员会的工作，为研究中心的活动争取各方面资源支持，审议研究中心的财政预算。董事会每年至少召集一次会议，在重大问题上进行投票表决。

执行委员会由 5 位委员组成，委员由董事会成员选举产生，一届任期 3 年。执行委员会在董事会休会期间负责研究中心的决策、运营工作。

总秘书处负责落实、执行中心的各类项目。董事会指定一位秘书长领导整个秘书处的工作。目前总秘书处下属的各个部门共雇佣了 40 名全职工作人员。部门包括研究部、档案部、编辑出版部、发行部、行政处。研究中心的研究工作主要由兼职的研究人员负责。

现任董事会成员由阿卜杜拉·阿齐兹·萨拉赫博士（Abdullah Azizi Salah，沙特籍）、阿卜杜勒·古卡（Abdul Guka，利比亚籍）等 29 人组成，另有 11 位名誉退休委员。

3. 重点研究领域

研究中心主要研究领域涵盖政治、经济、社会、文化、历史、教育、哲学、民族思想、地理环境、国际关系、巴勒斯坦事业、青年问题、科学技术、信息通讯等多方面，大部分研究成果均为阿拉伯语。部分研究项目包括：

（1）2015 年 8 月开展的《极端分子对伊本·泰米叶思想的错误理解》

研究；

（2）2015 年 6 月开展的《阿拉伯一体化》研究；

（3）2015 年 5 月开展的《2014—2015 年阿拉伯民族国家的飓风：从政权更迭到国家分裂》研究；

（4）2015 年 1 月开展的《阿拉伯国家的犹太人》研究；

（5）2015 年 1 月开展的《阿拉伯世界的水资源：从尼罗河到幼发拉底河的挑战与危险》研究。

4. 主要研究力量

伊萨姆·纳阿曼博士（Dr. Issam Naaman），1942 年 4 月生，黎巴嫩政治家、律师、作家、大学教师，曾任黎巴嫩议会议员和通讯部部长。1958 年在黎巴嫩美国大学获得公共管理学士学位，1965 年在该校获得政治学硕士学位。1960 年在黎巴嫩大学获得法学学士学位，1979 年获得公共法硕士学位。1984 年，在美国哥伦比亚太平洋大学获得公共法博士学位。1963—1975 年，一直担任律师。1975—1982 年，成为黎巴嫩民族运动党领导人。1978—1988 年，在黎巴嫩大学信息系担任讲师。1992—1996 年，当选黎巴嫩议员。1998—2000 年，担任黎巴嫩通讯部部长。

伊布提萨姆·凯特比博士（Dr. Ebtisam Al Ketbi），阿联酋大学人文社会科学系政治学副教授。在开罗大学获得政治经济学博士学位，目前担任海湾发展论坛秘书长兼政治科学学会董事，同时还是阿拉伯团结研究中心董事会主席、阿拉伯透明组织董事会主席。自 2005 年起，成为海湾研究中心妇女项目主任，并参与撰写《2006 年阿拉伯人类发展报告》。在海湾国家的妇女问题、民主转型、公民概念等领域发表多篇论文。近年来，还撰写过《海合会国家与美国的军事关系》《全球社会的反恐战争：威胁还是机遇?》等多篇军事安全方面的论文。

5. 主要研究成果

（1）艾哈迈德·斯拉塔：《亚历山大的萨拉菲达瓦党：组织路径和政治结果》（Ahmad Zaghloul Shlatah, *The Salafi Da'wah of Alexandria*：*Paths of Organizations and Outcomes of politics*, January, 2016）。

（2）海萨姆·纳西：《阿拉伯地区的国家及其制度化失败的秘密》（Haitham Ghaleb Al – Nahi, *The State and the Secrets of its Institutionalization Failure in the Arab Region*, November, 2015）。

（3）萨德·密西欧：《逃离地狱：新的全球生态意识觉醒或灭绝》（Saad Mehio, *Out of Hell: Uprising of a New Global Ecological Consciousness, or Extinction*, December, 2015）。

（4）赫巴·阿扎布：《智库在政策制定中的作用：以色列案例研究》（Heba Gamal Eldin M. El – Azab, *The Role of Think Tanks in Public Policy Making: A Case Study of Israel*, October, 2015）。

（5）赫巴·阿扎布：《占领与国家重建：日本、阿富汗、伊拉克的比较研究》（*The Occupation and the State Rebuilding: Comparative Case Studies of Japan, Afghanistan and Iraq*, October, 2015）。

二、黎巴嫩智库的特点

黎巴嫩在其内战爆发前曾享有中近东金融、贸易、交通和旅游中心的盛名，是中东地区世俗化程度比较高的国家，因此黎巴嫩智库的发展呈现出浓厚的西方色彩，议题设置具有鲜明的国际化特征。黎巴嫩内战的爆发对其政治进程产生了严重影响，国内知识精英对阿拉伯世界统一问题、黎巴嫩国内的政治民主化进程进行了深刻思考，相关智库也进行了长期追踪研究。2010 年的中东剧变对黎巴嫩的安全形势和政坛又造成新一轮冲击。推动政治进步以及经济发展、改善民生等话题都是智库近年来研究的新问题。总之，黎巴嫩智库的发展历程与其国内的政治变化历程高度吻合，智库议题的设置与其他阿拉伯国家有着明显的差异，与西方世界的渊源以及浓厚的国际化色彩使其智库建设水平在中东地区位居前列。

总的来说，本章对沙姆地区智库的总体情况进行了分析，在此基础上选择约旦和黎巴嫩两国的智库进行案例研究，对约旦大学战略研究中心、阿拉伯思想论坛、约旦圣城政治研究中心、阿拉伯安全研究所以及卡耐基中东研究中心、黎巴嫩政策研究中心、伊萨姆·法里斯公共政策与国际事务研究所、阿拉伯统一研究中心8家智库的历史沿革与职能定位、机构设置及研究领域、研究力量及研究成果进行了专题分析，并总结了约旦和黎巴嫩两国智库的总体特点。

第五章　北非地区的代表性智库

北非地区包括埃及、阿尔及利亚、摩洛哥、突尼斯、利比亚、苏丹、毛里塔尼亚和塞浦路斯8个国家。根据2013—2018年《全球智库指数报告》的统计，北非地区的智库数量在过去6年分别为152、160、90、90、89、93家，呈现出数量持续下降后缓慢恢复的趋势，其中比较知名的智库有埃及金字塔政治战略研究中心（Al – Ahram Center for Political and Strategic Studies）、摩洛哥皇家战略研究院（Royal Institute for Strategic Studies）、突尼斯战略研究所（Tunisian Institute for Strategic Studies）、阿尔及利亚经济发展研究中心（Centre de Recherche en Economie Appliquee Pour le Development）、利比亚萨迪克研究所（Sadeq Institute）、毛里塔尼亚战略研究中心（Mauritanian Center for Strategic Studies & Researches）、苏丹国家研究中心（National Center for Research）等。

埃及作为北非地区大国，在北非地区所有国家中的智库发展水平和国际化建设能力最佳，与全球智库建立了密切的合作关系。马格里布联盟5国（摩洛哥、突尼斯、阿尔及利亚、利比亚、毛里塔尼亚）曾是法国殖民地，法语属于通用语言，因此在智库的议题设置上关注马格里布地区国家和欧洲地中海地区的政治经济关系和文化联系。苏丹和塞浦路斯两国的智库建设整体水平不高。本章将对北非地区比较有代表性的埃及和摩洛哥的智库进行案例分析。

第一节 埃及的智库

埃及全称为阿拉伯埃及共和国，位于非洲东北部，人口近1亿，是中东地区的传统大国。埃及高等教育水平发达，为阿拉伯世界培养了大批高素质人才，这也为其智库的发展奠定了坚实基础。中东剧变终结了穆巴拉克政府在埃及长达几十年的执政历程，埃及的政局变动对其整体实力造成一定影响，也对国内智库的运转产生冲击。

一、埃及的代表性智库

（一）金字塔政治和战略研究中心①（Al – Ahram Center for Political & Strategic Studies）

1. 历史沿革及职能定位

金字塔政治和战略研究中心成立于1968年，隶属于埃及第一大报纸《金字塔报》集团，但其在金字塔集团内为独立的研究机构。中心负责规划、组织国内及国际政治的相关研究活动，在中心的官网及相关刊物上发布研究成果，成为埃及政府制定政策、公众了解国家动向的有效途径。据2004年统计数据显示，政府给研究中心的年度拨款为100万美元。在2017年全球顶尖智库排名中，金字塔政治和战略研究中心名列第71位。

2. 机构设置

根据研究领域的不同，中心划分为12个部门，包括阿拉伯研究部、政治体制部、国际关系部、经济研究部、社会研究部、媒体研究部、历史研究部、军事研究部、埃及革命研究部、以色列研究计划部、海湾研究计划部、网络研究计划部。

---

① 根据网站资源翻译整理，http：//acpss. ahram. org. eg。

3. 重点研究领域

1972年前，研究中心的研究重点集中于以色列社会和犹太复国主义以及阿以问题，认为巴勒斯坦和以色列双方应保持冷静，进行对话合作，才能够重新构建中东地区的和平局势，推动中东和平进程。随着埃及对以色列政策的调整，中心的研究领域也发生了变化，逐渐涉及埃及国内及国际政治的规划与制定，特别是阿拉伯国家的发展问题和阿拉伯国家与国际体系、周边环境之间的关系，以及中东地区的相关问题。主要研究领域分为以下三个方面：（1）国际体系的重大变化；（2）国际、地区间冲突及解决途径；（3）埃及以及阿拉伯社会的政治、经济、社会问题。

3. 主要研究力量

研究中心有38名全职工作人员，其中研究员31人、行政人员7人、兼职研究员15名。中心主任为萨义德·阿卜杜勒·莫纳姆博士（Dr. Said Abdel Monem），副主任为萨义德·穆罕默德·塞义德博士（Dr Said Mohamed El Sayed），公共关系专员为欧拉芭·萨勒娃（El Oraby Salwa）。

穆罕默德·阿卜杜勒·萨拉姆博士（Dr. Mohammed Abdel Salam）是研究中心的领军人物，出版了专著《武力的局限：以色列核武器的使用》（*The Limits of Power: The Use of Israeli Nuclear Weapons*）。阿曼尼·坎迪勒（Amany Kandeel）是研究中心高级研究员，曾在日本等亚洲国家留学11年，对日本、中国和朝鲜半岛有着深入了解。负责东亚事务研究，出版专著《埃及利益集团的政治角色》（*The Political Role of Interest Groups in Egypt*）。萨义德·拉温迪（Saeed al – Lawindi）是研究中心政治专家，对中国军事有深入研究，认为中国军费开支的增长是为了和平发展，不会对任何国家产生威胁，他的这一论断打消了埃及对中国的疑虑。

5. 主要研究成果

研究中心的研究成果有年度报告、季度杂志和月度刊物。年度报告包括：《阿拉伯以色列报告》《经济走势报告》《伊斯兰运动年鉴》；季度刊物有《埃及情形》杂志；月度刊物包括：《金字塔战略文件》《战略研究》（阿文、英文双语）《战略选读》《伊朗选读》《以色列选读》。中心还会根据研究进程不定期出版研究人员的专著。

（二）埃及外交事务委员会[①]（Egyptian Council for Foreign Affairs）

1. 历史沿革及职能定位

埃及外交事务委员会是依据1964年第32号法律，在1999年5月第413号总统令的批准下建立的，属于社会协会中的行政协会。委员会与埃及政界、商界、学界建立广泛联系，搭建对话和讨论平台，拓宽埃及政府制定政策的视野，增强公众对于埃及战略、经济、外交、中东、欧洲、地中海区域、文化行为、中东事务研究等内容的理解，为埃及政府制定地区和国家关系的政策提供建议。委员会组织召开过多次关于中东政治问题的会议，议题如恐怖主义，和平进程，埃及与美国、中国、俄罗斯等国家关系以及埃及与欧洲、拉丁美洲等区域的关系；以年会方式就埃及外交政策展开广泛讨论，从而找到解决问题的最佳途径，如2013年的年会上，各界代表就围绕“埃及外交政策与地区、国际平衡”展开讨论。此外，委员会还通过与国外研究机构、学者的互动，推动埃及外交政策对埃及经济的发展产生影响，特别是提高埃及外商投资的数量与质量，如邀请埃及企业家、欧盟代表团共同签订埃及—欧盟伙伴协议。

2. 机构设置

埃及外交事务委员会设置董事会，荣誉主席为阿卜代尔·拉奥夫·瑞迪大使（Amb. Abdel Raouf El - Reedy）；主席为穆罕默德·穆尼尔·扎哈兰大使（Amb. Mohamed Mounir Zahran）；副主席为阿妮萨·哈苏娜女士（Anissa Hassouna）；秘书长为希沙姆·穆罕默德·泽迈蒂（Hisham Mohamed El Zimaity）；财务主管为希扎姆·阿提塔拉（Hazim Attitallah）。另外还有数名专职研究人员。

3. 重点研究领域

委员会主要研究领域包括：（1）阿拉伯事务；（2）美国事务；（3）欧

---

① 根据网站资源翻译整理，http：//ecfaegypt. blogspot. com。

洲事务；(4) 非洲事务；(5) 亚洲事务；(6) 拉丁美洲事务；(7) 武器控制与地区安全；(8) 国际人道主义法律；(9) 环境与气候变化；(10) 经济；(11) 以色列事务；(12) 尼罗河谷地事务；(13) 文化社会事务；(14) 能源；(15) 联合国与国际组织事务；(16) 外交中的女性研究。近年来重点关注埃及革命后美国对埃及以及中东地区的政策变化，以及苏丹达尔富尔问题、耶路撒冷问题、埃及与欧盟之间的外交和经济关系。

4. 主要研究力量及研究成果

穆罕默德·穆尼尔·扎哈兰大使先后在埃及开罗大学、法国巴黎大学学习。主要研究方向为联合国问题，曾任埃及驻联合国预算行政部门的顾问、联合国和平协会的学术顾问。

穆罕默德·沙克尔大使（Amb. Mohammed Shaker）的主要研究方向是地区和国际安全，出版了专著《核不扩散条约：起源与实施（1959—1973年）》（*The Nuclear Non－Proliferation Treaty*：*Origin and Implementation 1959－1979*）、《国际机制下的核不扩散进程》（*The Evolving International Regime of Nuclear Non-Proliferation*）。

特别研究员有萨义德·沙拉比大使（Amb. Elsayed A Shalaby）、穆罕默德·多尔戈哈米大使（Amb. Mohammed Eldorgahamy）、艾哈迈德·穆克塔尔·贾米拉大使（Amb. Ahmed Mouktar Elgammal）。此外，委员会的成员多为各领域专家，通过不同领域的专家学者之间的对话，为埃及政府提供有质、有效的政策建议。

（三）埃及内阁信息与决策支持中心①（Egypt Information and Decision Support Center）

1. 历史沿革及职能定位

埃及内阁信息与政策支持中心旨在为埃及政府、议会提供智力支持，由阿忒夫·阿比德博士（Dr. Atef Abid）依据埃及1985年第41号法令创

① 根据网站资源翻译整理，http：//www. idsc. gov. eg/。

立，由部委委员会授权批准。其前身为信息决策研究中心，属埃及议会智库。中心的主要任务是帮助政府做出与政治、社会、经济改革问题相关的决策，推动国家中短期发展；通过监测现状、分析局势、研究变化，对主要问题进行研究并制定有效的解决办法。在2010年的中东剧变波及埃及并引发社会大变革后，中心定期为埃及政府提供有关埃及经济、政治、文化发展走向的有效信息。

中心的工作目标包括：（1）开展与地区国际相关组织的合作，相互交流研究方法、研究成果，提升政府制定政策的客观性和有效性；（2）通过研究埃及现阶段面临的挑战及应对措施，为埃及议会提供政策支持；（3）整理中心的研究成果，出版相关刊物。

2. 机构设置

中心主任由阿米拉·哈里发（Amira Khalifa）担任，现有员工750余名。中心设了五大部门：（1）战略决策支持部，工作内容包括：社会合同、埃及人口评估、战略文件评估、埃及教育、培训、就业、未来研究、埃及信息数据库、阿拉伯革命观察、公众舆论、埃及经济与早期预警、外贸、自然资源管理、外交争论等；（2）技术设施部，工作内容包括：制作信息地图、全民身份证计划、工业地图计划、国家数据库研究、文化遗产计划、智能卡片社区、网络活动、部长信息发展计划、国家网络服务系统、家庭草根数据库、埃及发展数据库；（3）信息部，工作内容包括：埃及信息收集、中小型企业门户网站、当地政府发展项目；（4）人力资源发展部，工作内容包括：商业环境、电子商务、远程教学、计算机教师培训、信息技术特殊训练；（5）行政环境发展部，工作内容包括：政府资产管理、收购中心指导等。

3. 重点研究领域

中心作为埃及议会的智囊团，为埃及政府各方面的政策制定提供必要的智力支持和保障。重点研究领域包括：埃及经济、社会、政治发展问题，信息搜集和分析，人力资源发展，内部工作环境发展，国内、地区和国际三大体系中的社会关系发展。同时，中心与不同国家、不同地区的智库开展合作，与其他国家的政府机构、部门开展项目合作，共同完成政策制定的相关工作。在与国外机构合作的过程中，中心注重信息公开，保证信息的高度透明性。

（四）阿拉伯研究所[①]**（Institute of Arab Research）**

1. 历史沿革及职能定位

根据阿拉伯联盟的决定，阿拉伯研究所于1952年9月23日成立，1953年11月1日正式开始工作。1970年9月10日，根据阿盟决议，研究所的子机构搬至阿拉伯教科文组织内。目前，研究所是一家教学与科研相结合的机构。

研究所的工作目标包括：（1）培养地理、历史、政治、经济、社会、法律、语言文学、媒体、教育和文物遗产等专业领域的新一代学者。为此，研究所开设有关课程，全方位培养专业人才。（2）为以上领域的相关研究提供尽可能准确的数据、分析，并在学术期刊上发表相应学术成果。研究所也会布置有关课题，要求相关领域人员完成并发表。（3）加强与其他阿拉伯国家甚至是阿拉伯国家之外的文化机构的交流合作。

2. 机构设置

研究所的领导机构为学术委员会，成员由所长、部门负责人组成，也可根据实际需求增加委员会成员。现任所长为艾哈迈德·优素福·艾哈迈德·穆罕默德博士（Dr. Ahmed Yusof Ahmed Mohemed），其他成员有萨拉哈·法德勒博士（Dr. Salaha Fadl）、阿布杜·斯塔尔·哈鲁吉博士（Dr. Abdul Starr Haruji）、莫娜·哈迪迪博士（Dr. Mona Hadidi）等。

研究所共有九大研究部门：

（1）经济研究所，负责人为阿布杜·哈迪·苏菲伊博士（Abdu Hady Sophie）；（2）社会研究所，负责人为阿里·马哈茂德·莱伊拉博士（Ali Mahamoud Leira）；（3）政治研究所，负责人为哈迪·米特凯斯博士（Hady

① 根据网站资源翻译整理，http：//iars. net/。

Mitkeyes)；(4) 地理研究所，负责人为优素福·法伊德博士（Yusuf Fayed)；(5) 历史研究所，负责人为阿绥姆·杜苏基博士（Asim Dusouki)；(6) 法律研究所，负责人为叶海亚·贾玛勒博士（Yehya Gamal)；(7) 文学语言研究所，负责人为萨拉哈·法德勒博士（Salaha Fadl)；(8) 教育研究所，负责人为加比尔·阿布杜·哈密德博士（Gabriel Abdu Hameed)；(9) 文化遗产研究所，负责人为阿布杜·斯塔尔·哈鲁吉博士（Abdul Starr Haruji)。

3. 重点研究领域

研究所的研究涉及较多领域，包括政治、经济、文化、历史、地理、文化遗产、传媒、文学等。研究所定期组织召开相关领域的国际性会议，邀请世界各大知名学者参加，丰富该研究所的研究资料，更新研究信息。

（五）地区战略研究中心[①]（Regional Center for Strategic Studies)

1. 历史沿革及职能定位

地区战略研究中心历史较短，系埃及新兴的私有独立智库，总部位于开罗，2012 年成立。研究中心主要着眼于中东剧变后各国战略的转变，通过采用新的研究方式与方法同中东地区各国的政策决定者、学者、商人等各行各业人士互动，影响政策制定，推动中东地区的民主化进程。研究中心的工作主要有三大方向：(1) 政治、经济评估（政治战略评估)；(2) 学术研究；(3) 咨询。重点研究项目是埃及以及部分国家的民主化过渡进程对经济、政治、安全局势的影响，如中东剧变后埃及的民主化进程如何影响国内的经济发展。

2. 机构设置

研究中心的组织构架由高层管理人员、顾问和研究员三类构成。现任主任为阿卜杜勒·莫纳姆·萨义德·阿里博士（Dr. Abdel Monem Said Aly)，副主任为穆罕默德·阿布杜·萨勒姆博士（Dr. Mohamed Abdel Salam)。顾问分别为：地区安全学术顾问马哈茂德·卡什库什博士（退休少

---

① 根据网站资源翻译整理，http：//www. rcssmideast. org/。

将）（Dr. Mahmoud Kashkoush）；军事研究学术顾问穆罕默德·卡德里将军（Gen. Mohamed Kadry Said）；地区关系学术顾问阿兹米·哈里发大使（Amb. Azmy Khalifa）；国际事务学术顾问凯琳·阿卜杜勒·黑尔（Karen Aboudl Kheir）；地区事务学术顾问穆罕默德·美格哈德·扎雅特博士（Dr. Mohamed Megahed El - Zayat）；巴勒斯坦问题学术顾问乌萨马·哈桑·格兰德利将军（Gen. Osama Hassan El - Gredly）。

3. 重点研究领域

研究中心的重点研究领域涵盖多个方面：民主过渡，主要研究中东地区各国的民主化进程、出现的问题、趋势以及如何重塑中东地区格局；经济发展，研究中东地区民主过渡阶段国际、地区以及国内的经济发展问题以及经济发展对民主过渡可能产生的影响；埃及研究项目，包括埃及民主过渡对其政治、社会和经济的影响；地区关系，研究中东各国相互关系的变化以及对中东未来的影响；地区安全，研究国家、地区安全、地区均势、国际战略，从国际层面分析中东安全；媒体公共舆论，研究中东政治、经济和社会问题以及公共舆论，分析传统与非传统媒体在地区发展中的影响；危机分析，研究地区危险并制定解除危机的措施；伊斯兰运动研究，分析该地区伊斯兰运动的发展和影响；美国研究，分析美国在该地区的政策以及重塑中东版图的方式。

4. 主要研究力量

研究中心的研究力量多为中东政治研究的顶尖人物，研究员包括：负责媒体公众舆论的副研究员索巴哈·埃萨伊拉博士（Dr. Sobhy Essaila）；负责民主过渡研究的副研究员穆罕默德·阿兹·阿拉伯·穆罕默德博士（Dr. Mohamed Ezz Al Arab Mohamed）；负责埃及事务研究的副研究员穆巴拉克·穆巴拉克·艾哈迈德博士（Dr. Mubarak Mubarak Ahmed）；负责地区关系研究的副研究员穆罕默德·阿巴斯·纳吉（Mohammed Abbas Nagi）；负责地区安全研究的副研究员阿里·贝克尔（Ali Bakr）；负责经济学研究的高级研究员易卜拉欣·易卜拉欣·吉它尼（Ibrahim Ibrahim El Ghitany）。

阿卜杜勒·莫纳姆·萨义德·阿里博士是中心主任，埃及阿语畅销日报 Al – Masry Al – Youm 的总经理，美国布兰迪斯大学中东问题研究中心高级研究员，埃及金字塔政治和战略研究中心前主任和美国布鲁金斯学会客座研究员。主要研究方向为国际关系、冲突与和平。2013 年 11 月，阿里博士与其他两位著名学者出版了《阿拉伯人与以色列人：中东地区的冲突与和平》（*Arabs and Israelis*：*Conflict and Peacemaking in the Middle East*）一书，站在新时期的角度，运用独特的分析框架对阿以问题进行全新解读。

穆罕默德·阿布杜·萨勒姆博士是中心副主任，阿布扎比高级研究中心学术主任，埃及金字塔政治和战略研究中心地区安全事务顾问。主要研究方向为国际关系、地区安全、中东地区核扩散等，在阿拉伯及世界性学术期刊上发表60 余篇论文，在战略研究、地区冲突事件处理、控制、核扩散、阿拉伯国家安全、恐怖主义、非传统安全等领域出版了 6 本专著。

（六）埃及经济研究中心[①]（Egyptian Center for Economic Studies）

1. 历史沿革及职能定位

埃及经济研究中心是一个独立的、非营利性智库，成立于 1992 年，主要研究国际经济和埃及经济发展状况，在公正、高效的基础上为保证埃及经济可持续性发展提出经济政策、制度、法律革新等方面的建议。研究中心通过广泛组织研讨会、讲座、圆桌会议等形式进行研究，并为埃及政策制定者、私人企业家、议会议员、媒体和学者提供对话的平台。

2. 机构设置

研究中心有工作人员 26 人，其中 9 人为科研人员、17 人为行政或支持性工作人员。奥马尔·穆罕纳（Omar Mohanna）是现任董事长，同时也是苏伊士水泥集团董事长；穆罕默德·泰伊姆尔（Mohamed Taymour）为现任副董事长，负责金融投资；贾拉拉·艾哈迈德（Dr. Galal，Ahmed）为现任执行主任；阿拉·哈希姆（Alaa Hashim）为财务总管；艾哈迈德·费克里·瓦哈布（Ahmed Fikry Abdel Wahab）为行政负责人；艾哈迈德·阿

① 根据网站资源翻译整理，www. eces. org. eg/。

布杜·阿里（Ahmed Abdu Ali）为中心的合伙人；艾哈迈德·欧扎勒普（Ahmed Ozalp）为创始人兼行政主管。

3. 重点研究领域

研究中心根据每年的工作安排和董事会的指示对埃及经济进行深入研究，研究领域涵盖埃及经济发展、金融领域改革、货币政策、财政可持续性、贸易改革、商业环境、合作管理、区域一体化等领域。近年来，主要关注金融政策、工业政策、投资刺激政策、地缘政治公平、税收系统改革、脱贫、收入再分配、人力资源、健康教育改革、节能等方面的问题。

4. 研究力量

阿布拉·阿卜杜勒·拉提夫博士（Dr. Abla Abdel Latif）为研究中心执行主任，埃及开罗美国大学经济学教授，埃及公共舆论研究中心的创始人。2013 年，曾负责起草埃及新宪法，研究领域较为广泛。在埃及爆发“1·25”革命后，担任埃及总统经济顾问。

拉玛·萨义德（Rama Said）为研究中心高级经济学家，研究领域包括战略构想、政策建议、工业发展、国际贸易和竞争力。曾在工业贸易部工作，负责撰写国家战略性文件和政策研究报告。

玛雅·伊哈卜（Maye Ehab）为研究中心经济学家，曾任联合国贸易发展大学的客座研究员，研究领域包含国际经济、经济竞争、经济发展。曾在德国发展研究院从事“全球管理行政”研究。

5. 主要研究成果

为了及时公布研究成果，研究中心定期出版杂志或书籍，自 2006 年起每年出版一本《年度报告》，汇报上一年度的研究成果和财政情况。定期发布《商业晴雨表》，根据埃及经济过去的形势和现在的变化，公布埃及经济发展走向、供需变化、进出口价格、工资与就业趋势、变化实质；研究中心还出版《政策解读报告》，如解读对贫困人口的就业政策、埃及议会立法与贸易条款等。自 2016 年 2 月 21 日起，为方便公众及时了解当地、区域以及国际经济环境的变化，研究中心每天发布《新闻视野简报》，公布最新的经济新闻，并做出相应评论；每周发布《我们的经济与世界周报》，追踪国际经济发展的新动向以及对埃及经济的影响。

其他成果包括：玛吉达·坎迪尔（Magda Kandil）主编的《埃及人力资本：可持续发展之路》（*Human Capital in Egypt：The Road to Sustainable Development*）；汉娜·黑尔·丁（Hanaa Kheir）和纳格拉·艾赫万尼（Naglaa El Ehwany）主编的《通往更高效的埃及服务之路》（*Towards More Efficient Services in Egypt*）；艾哈迈德·贾拉拉（Ahmed Galal）和纳蒂姆·哈克（Nadeem Ul Haque）主编的《新兴市场的财政可持续性》（*Fiscal Sustainability in Emerging Markets*）等专著。

（七）经济研究论坛[①]（Economic Research Forum）

1. 历史沿革及职能定位

经济研究论坛是根据2002年埃及第84号法律，以外国非政府组织机构的名义在埃及注册的一个独立、非营利、非政府性的地区组织，总部位于埃及开罗，工作人员来自埃及、摩洛哥、意大利、土耳其、英国等多个国家。论坛致力于为阿拉伯国家、伊朗和土耳其提供高质量的经济研究成果，有助于这些国家经济的可持续性发展。

论坛定期组织以下活动：（1）研究项目：论坛及附属机构通过共同研究、结构性研究等方式对社会热点问题进行研究，并在学术期刊上发表研究成果；（2）年会：每年都会召开大规模年会，邀请域外经济相关研究机构的人员共同参与，探讨经济相关问题；（3）数据库：搜集原始、可靠数据或与相关其他机构共享数据，推动经济研究发展；（4）培训：为域内研究人员提供经济领域相关知识的培训，提升科研素养。

2. 机构设置

论坛设立董事会，有13名成员，其中3名为资金捐赠者代表，7名为大会成员，剩余2名来自相关地区。董事会主要负责制定委员会政策、组

① 根据网站资料翻译整理，http：//erf. org. eg/。

织网络评估等工作，下设行政主任、顾问委员会和大会。论坛现任行政主任为艾哈迈德·加拉尔（Ahmed Galal）。论坛的顾问委员会由董事会任命，负责论坛的行政和研究工作。同时，根据实际工作需要，董事会有权决定是否在世界其他地区增设分部。

3. 重点研究领域

论坛的研究领域包括高等教育问题、中东地区环境挑战、女性主义、国家形势项目、女性经济就业等。

4. 研究力量

论坛的主要研究力量集中在顾问委员会，目前委员包括：英国南安普顿大学的捷克琳·瓦哈布（Jackline Wahba），突尼斯马努巴大学的萨米尔·卡邹阿尼（Samir Ghazouani），摩洛哥国家数据和应用经济研究所的托哈米·阿卜杜拉哈拉克（Touhami Abdelkhalek），意大利欧洲大学研究所的伯纳德·霍克曼（Bernard Hoekman），土耳其萨班哲（Sabanci）大学的伊扎克·阿提亚斯（Izak Atiyas），英国剑桥大学的卡米尔·穆汉德斯（Kamiar Mohaddes），土耳其中东技术大学的马勒特姆·达伊欧格鲁塔伊福尔（Meltem Dayioglutayfur），美国耶鲁大学的保罗·舒勒兹（Paul Schultz）和法国巴黎第九（Paris Dayphine）大学的伊斯哈格·迪万（Ishac Diwan）。

穆迪尔·拉萨西博士（Dr. Moundir Lassassi）在法国完成应用经济学和数据学博士学习，发表过多篇关于经济数据的文章，如 2014 年 11 月在《美国经济评论》（*USA Business Review*）发表《对阿尔及利亚和中国就业的决定因素的微观经济分析》。

阿拉马斯·黑沙姆提博士（Dr. Almas Heshmati）曾在哥德堡大学（Gothenburg University）大学攻读经济学博士学位，研究方向主要为农业经济、工业经济、应用微观经济学。2016 年，在《国际财政和经济研究杂志》（*International Research Journal of Finance and Economics*）发表《阿联酋是否能够通过经济多样化改变石油诅咒》和《韩国工业与大学联合后金融回馈的决定因素》等多篇文章。

5. 主要研究成果

论坛的出版物包括：(1) 工作报告。根据研究情况及时发表工作报告，公布研究进程。(2) 日志。内容多为原创、高质量的经济研究，聚焦域内外研究。(3) 书籍。根据研究项目内容或大会议题出版书籍，公布相关研究成果。(4) 政策报告。如中东发展报告等。

二、埃及智库的特点

一是数量较多，类型丰富多样。埃及是中东地区高等教育比较发达的国家，开罗大学、亚历山大大学等都是中东地区知名的高校，为智库建设培养了大批高素质人才，智库数量位列北非地区榜首。从埃及智库类型看，包含政府智库、大学智库和独立智库等。此外，埃及是阿盟总部所在地，因此埃及智库中还有阿盟下属的智库以及跨国智库等多种类型的智库。

二是关注的议题与其国内形势变化密切相关。2011 年埃及“1·25”革命爆发后，执政多年的穆巴拉克政府交权，“穆斯林兄弟会”推选的穆尔西短暂执政 1 年，此后具有军队背景的塞西政府执政。因此，埃及相关智库的研究议题从 2011 年后开始关注民主化过渡对埃及政治、社会和经济的影响以及埃及经济形势的变化等。

三是议题覆盖国别、地区和国际三个层面。如金字塔政治和战略研究中心的学术研究活动包括国际问题研究、阿拉伯问题研究和埃及问题研究，充分体现出埃及作为北非地区大国的特色。埃及自身的发展对北非地区影响巨大，埃及又是阿拉伯联盟成员国，伊斯兰教是埃及的国教，因此阿拉伯世界关注的问题同样是埃及智库关注的主要问题。此外，埃及智库还重视战略研究、核扩散、恐怖主义、非传统安全等具有国际化特色的议题。

第二节 摩洛哥的智库

摩洛哥地处非洲西北端，经济总量在北非地区排名第三。磷酸盐出口、旅游业、侨汇是摩洛哥经济的主要来源，2010 年摩洛哥同欧盟建立自由贸易区。2009 年以来，国际金融危机、欧债危机、西亚北非地区形势变化等使摩洛哥经济遇到较大挑战。摩洛哥政府致力于扩大内需，加强基础设施建设，扶持纺织、旅游等传统产业，发展信息、清洁能源等新兴产业，积极吸引外资。

一、摩洛哥的代表性智库

（一）皇家战略研究院[①]（Royal Institute for Strategic Studies）

1. 历史沿革及职能定位

鉴于全球化的高速发展和摩洛哥国内环境的深刻变化，2007 年 11 月，摩洛哥决定成立皇家战略研究院。研究院旨在通过把握全球、区域和国家层面的变革及其对摩洛哥产生的影响与风险，提出创新性的公共策略以应对上述变革，为摩洛哥政府决策提供服务。研究院从国际与国内角度完成摩洛哥国王委派的研究任务，对摩洛哥在国际重大事件上的外交能力进行测评，通过理论研究与战略观察等多种途径，关注公共政策的制定以及摩洛哥社会中有关民主等重大变革背后的民意。

研究院有三大目标：（1）智库建设：研究事关国家命运的战略性问题。（2）前沿追踪：跟踪分析国家、地区和全球层面的相关动向。（3）打

① 根据网站资料信息整理，http：//www. ires. ma/en。

造论坛：研究院作为一个开放型机构，致力于在国际与国内层面同潜在伙伴开展合作，不断增强研究院的竞争力与协同力，为创新提供持续支持。

2. 机构设置

根据创始人达黑尔（Darher）的意愿，皇家战略研究院包括总指挥在内的所有指导委员会成员均由摩洛哥国王亲自委任，总指挥拥有研究院管理权与任务的执行权，以提升研究院在区域与国际问题上的影响力。

研究院的研究模式为项目制，根据项目内容和要求，由学术部门、战略规划部门与项目支持部门组成研究团队，人员构成相对灵活。研究院的管理团队由任务负责小组与管理办公室共同组成，其中研究管理人员负责管理项目的运营与相关研究人员，项目支持管理人员负责项目的人力与财力资源管理，提供后勤保障。研究院的研究人员包括学术专家、科学委员会成员和审查委员会成员，后者是确保研究院高质量完成任务的重要保障。

3. 重点研究领域

（1）社会关系。从战略重要性角度分析与研究摩洛哥的社会关系，并从政治、经济、社会、文化等维度进行对比研究。此外，还对历史上摩洛哥社会关系的重大变革及成因开展研究，并为当下摩洛哥社会内部与外部关系的互动提供借鉴参考。

（2）气候变化。鉴于摩洛哥面临的日益严重的气候变化挑战，研究院在 2008 年 11 月启动了其对于气候变化下政治、经济、社会方面责任的研究。该项目的终极目标是在公共安全、水利、食物、卫生方面为摩洛哥提供应对气候变化挑战的方法。

（3）全球竞争力。基于对中长期社会转型问题的考量，研究院于 2009 年启动了“全球竞争力与摩洛哥在全球框架下定位”的研究，检验摩洛哥的国际竞争力，判断其国际定位中的长处与短处，为摩洛哥提供战略发展参考，同时从可持续发展角度提升摩洛哥的优势，确保其发展进程的平稳。

（4）对外关系。在 2013 年举行的皇家信息会议上，国王强调了摩洛哥对外关系在研究所任务中的重要地位。研究所决定与古德威尔（Goodwill）管理公司联合开展有关摩洛哥对外关系的研究。

4. 主要研究力量及研究成果

研究所的出版物主要分为四类，分别为常规报告、研讨会记录、观点评析和网站摘录，全部为法语资料。研究所发表了 90 多篇报告，其中有 22 篇战略性报告、58 篇主题性报告以及 9 篇有关研究所论坛活动的分析。此外，研究所组织有关气候变化与城市建设的国际会议，以及超过 175 场各类话题的研讨会。

（二）OCP 政策中心[①]（OCP Policy Center）

1. 历史沿革及职能定位

OCP 政策中心是摩洛哥一家以政策研究为导向的智库，致力于知识的传播与分享，对经济与国际重大事件进行反思，并为每个发展中国家面对的地区及国际战略性挑战提供来自南半球的看法与观点。中心依赖独立的研究以及与内外部研究同行的坚实合作，通过开展与农业、环境、食品卫生、经济与社会变革、商品经济与金融、地缘政治与国际关系等相关的研究项目，参与公共政策的分析与咨询，对新兴经济环境下的政策制定提出有价值的建议，推动南半球国家间的国际合作发展。

2. 重点研究领域

（1）农业、环境与食品安全项目。农业可持续发展是近年来世界面临的一个严峻挑战，除了气候变化的影响与生态环境的恶化，地球人口的快速增长也是另一个重要挑战，需要全球协同才能解决目前面临的问题。非洲有占全世界一半的未开发耕地，潜力巨大，农业的可持续性发展任重而道远。该项目旨在加强相互理解，促进话题讨论，并聚焦发展中国家、非洲与南大西洋地区；提升公众意识，为政策制定者与问题涉及的第三方提供可持续性农业发展、食品安全及土地高效利用方面的意见与建议。

---

① 根据网站资料信息整理，http：//www. ocppc. ma/。

（2）长期发展研究项目。项目聚焦摩洛哥宏观经济与商业政策、自由贸易协定与长期发展规划的完成情况，探索摩洛哥在世界经济中的作用以及摩洛哥在地中海经济体、非洲经济体和泛大西洋经济体中的地位。概括来说，长期发展研究项目的范围包括决定经济发展的因素与刺激长期发展的战略。这个以经济为导向的项目致力于在国际、地区与国家间层面提升摩洛哥的竞争力与创新力。项目着眼于摩洛哥发展的战略、工业专门化、分领域战略、教育与创新、能源变革的影响、风力与太阳能的前景以及摩洛哥在非洲与大西洋地区的定位。

（3）商品经济与金融项目。项目旨在对商品市场价格变化的特征进行思考，分析多种物价组成背后的因素，重点关注对非洲大陆至关重要的食品、商品、矿业与能源等领域，研究国际商品经济中商品价格动荡的影响，尤其是商品市场在政策制定方面的影响因素。

（4）地缘政治与国际关系。摩洛哥正面临严重影响其经济、社会文化和国内政策的国际变革因素，包括地区经济与政治力量的组成、新兴的国际决策中心、金砖四国的崛起、安全、移民、气候变化等决定世界未来的一系列问题，急需从一个更广泛的角度来研究摩洛哥在地缘政治与全球图景中的地位。

（5）“全球化下的摩洛哥”项目。聚焦于不同领域中世界的发展趋势，预测影响摩洛哥中长期发展以及公共政策调整的因素。项目致力于探索摩洛哥在全球化中定位的议题，分析太平洋地区的发展空间与潜在合作伙伴，搭建非洲新兴经济体国家与经济发达体国家间的桥梁。涉及的议题有摩洛哥在地区间的定位、泛大西洋国家间关系、地中海地区的移民动向、摩洛哥在地区安全中的作用、国家级可再生能源与海洋策略等。

3. 主要研究力量及研究成果

克里木·阿亚诺维（Karim El Aynaoui）为中心现任主管，毕业于法国波尔多大学，获得经济学博士并在该校任教三年，曾发表有关发展中国家宏观经济问题的文章。

中心的出版物包括政策简述、政策分析与研究、研究报告等，均为法语。

（三）阿拉伯人文与科学研究中心（Arab Center for Scientific Research and Humane Studies）

1. 历史沿革及职能定位

阿拉伯人文与科学研究中心是由一批有意愿提高阿拉伯世界学术水平的学者组织成立的，于2013年创立，当时正值中东剧变后阿拉伯国家经历大变革的时期，创始人为塔尔夫·塞尔（Tarf Thale）。研究中心立足现实，在社会剧变期提出更多的学术思考，旨在发展和开拓阿拉伯人文、社会研究领域，通过对话、讨论等提出新见解，进而提升中东地区的自由、民主、法律、自由市场经济水平，特别是通过发布一系列有关青年、就业等报告，增强在公众间的影响力，告诉青年人应该如何将他们的创新想法应用于国家、学术项目和民主改革，最终提高中东地区智库和公民社会的能力。

研究中心的主要职能包括：（1）开展针对企业、法律、政治、经济、社会、行政、文化、环境的研究，并通过出版相关书籍、报告等形式，向公众汇报相关研究成果；（2）积极提出有关阿拉伯世界各种社会热点问题的解决办法，向决策者提供有效信息；（3）追踪社会变革，并为社会问题提供必要的解决办法；（4）为中东地区以及国际热点问题提供科学与学术的解读。

研究中心的愿景为：长期以来，阿拉伯社会处于专制统治下，限制了人们的进步与发展，导致阿拉伯国家与发达国家之间的差距越来越大，阿拉伯社会的文化水平和公民素质相对较低。阿拉伯社会必须解放自我，对未来充满希望，新一代公民应为社会的进步做出积极贡献，进而实现社会的发展和繁荣。通过开展人文与科学方面的研究，以期推动社会的发展与前进。

2. 重点研究领域

（1）伊斯兰与现代化：随着社会的不断发展，新鲜事物对伊斯兰教和传统阿拉伯文明冲击巨大，产生了积极和消极的两方面影响，使其既需要应对挑战，又需要保持自我。研究中心通过发表文章、举办研讨会等多种形式，从政治经济和文化方面研究伊斯兰教与现代社会的关系。

（2）经济与发展：研究生产力低下、失业率高、外债多等多数阿拉伯国家面临的共性经济问题。

（3）自由与民主：公民的个人自由有助于其在社会中的发展与进步，且直接关系到政府权力的稳定。研究中心重点关注社会中每一位成员是否都能公平享受权利，实现共同发展的议题。

（4）国家与公民社会：研究公民社会如何搭建起阿拉伯公民与世界其他地区公民相互联系的桥梁和渠道。

2015 年 12 月 5—6 日，研究中心在摩洛哥马拉克什召开了第一届阿拉伯自由大会。会上，70 位学者、公民社会专家和公务员共同讨论了现代阿拉伯经济的自由化状况、挑战与发展。研究中心对“伊斯兰国”开展了相关研究，回顾其发展背景、历史、发展模式、对阿拉伯社会的危害，呼吁阿拉伯国家通过增强自身实力，实现有效打击“伊斯兰国”的目标。

3. 主要研究成果

每年出版有关阿拉伯社会政治、经济、社会和文化等方面的年鉴。主要出版物如下：

（1）彼得·沙菲尔（Peter Schaefer）、克莱顿·沙菲尔（Clayton Schaefer）合著：《发展中国家土地登记制度的创新性方法研究》（*Innovative Approach to Land Registration in the Developing Countries*）。

（2）莱宰克·巴尔斯洛维兹（Leszek Balcerowicz）著：《有限国家之路》（*Towards a Limited State*）。

（3）约翰·诺伯格（Johan Norberg）著：《管控措施及其消极影响》（*Regulatory Measures and Their Negative Implications*）。

（4）拉塞尔·罗伯茨（Russell Roberts）著：《合作的奇迹》（*A Marvel of Cooperation*）。

（5）达丽伯·罗哈克（Dalibor Rohac）著：《埃及津贴问题的解决》

（*Solving Egypt's Subsidy Problem*）。

（6）沃尔夫刚·卡斯珀（Wolfgang Kasper）著：《让贫穷成为历史》（*Make Poverty History*）。

（7）嘉瑞特·哈尔丁（Garrett Hardin）著：《普通大众的悲剧》（*Tragedy of the Commons*）。

（8）提姆尔·库兰（Timur Kuran）著：《中东地区经济欠发达的法律根源》（*Legal Roots of Economic Underdevelopment in the Middle East*）。

（9）沃特尔·布洛克（Walter Block）著：《租赁的控制》（*Rent Control*）。

（10）皮埃尔·乐美克斯（Pierre Leumieux）著：《革命的公众选择》（*Public Choice Revolution*）。

二、摩洛哥智库的特点

摩洛哥智库高度关注与摩洛哥发展相关的政治、经济和社会议题，其中经济发展问题是重点关注的领域。在摩洛哥国家的发展历程中，西方因素比较明显，因此智库关注公民社会以及自由、民主、法律等问题，特别是中东剧变后摩洛哥社会与西方世界的互动关系。旅游业是摩洛哥的支柱产业，但恐怖主义是影响摩洛哥安全与稳定的头号因素，恐怖袭击事件对旅游业冲击较大，因此摩洛哥智库对恐怖主义进行长期追踪研究。

综上所述，本章对北非地区智库的总体情况进行了分析，并在此基础上选择北非地区智库建设中国际化水平最高的埃及以及摩洛哥进行智库案例研究，对包括埃及金字塔政治和战略研究中心、埃及外交事务委员会、内阁信息与决策支持中心、阿拉伯研究所、地区战略研究中心、埃及经济研究中心、经济研究论坛 7 家智库，以及摩洛哥的皇家战略研究院、OCP 政策中心和阿拉伯人文与科学研究中心 3 家智库在内的共 10 家机构的历史沿革与职能定位、机构设置及研究领域、研究力量及研究成果进行了专题分析，并总结了埃及和摩洛哥智库的特点，体现出其数量众多、类型多样、关注议题地区化和国际化的特色。

第六章 中东地区非阿拉伯国家的代表性智库

以色列、土耳其和伊朗是中东地区的3个非阿拉伯国家，土耳其和伊朗均是信奉伊斯兰教的国家，以色列则是中东地区唯一一个犹太国家。根据2013—2018年《全球智库指数报告》中的统计，这三个国家的智库总数在过去6年中分别为118、121、149、149、177、181家。中东地区非阿拉伯国家中比较知名的智库有：以色列国家安全研究所（Institute for National Security Studies（INSS）、贝京－萨达特战略研究中心（Begin－Sadat Center for Strategic Studies）、土耳其经济和社会研究基金会（Turkish Economic and Social Studies Foundation）、自由思想联盟（Association for Liberal Thinking）、伊朗政治与国际问题研究所（Institute for Political and International Studies）等。

第一节 非阿拉伯国家智库的总体情况

2013—2018年是中东地区局势比较动荡的时期，叙利亚内战全面爆发、伊朗核问题发酵、难民问题对欧洲乃至国际社会造成冲击，可以说中东地区新旧矛盾叠加、问题频发，而以色列、土耳其和伊朗的智库数量一直保持持续增加的趋势。以色列教育体系成熟，巴以问题为以色列提供政策选择分析的智库发展创造了良好契机，以色列的智库建设水平在中东地区一直名列前茅。土耳其地处欧亚两大洲，得天独厚的地缘特色以及加入欧盟的愿望极大地刺激了智库的发展。伊朗作为什叶派国家，在中东地区长期面临与逊尼派国家集团的对抗和冲突，伊朗核问题也是中东问题中的一个焦点，因此伊朗智库研究的议题丰富多样。国内学术界对以色列智库和土耳其智库的研究相对较多，因此本章选择国内学术界关注度相对不高的伊朗智库进行案例研究。①

第二节　伊朗的智库

一、伊朗的代表性智库

（一）政治与国际问题研究院②（Institute for Political and International Studies）

1. 历史沿革及职能定位

政治与国际问题研究院成立于1983年，现发展为面向伊朗外交部服务的重要智库之一。主要研究职责包括开展基于伊朗对外政策的有关政治、国际、经济和决策等相关领域的研究项目。通过几十年的发展，政治与国际问题研究院已经在地区及国际上拥有广泛的知名度，并在国内外与不同行业的机构合作，开展联合研讨班、圆桌会议、学者交流和联合研究计划等活动。

2. 机构设置及研究领域

研究院内部设立10个研究中心，分别为：（1）亚太地区研究中心，主任齐巴·法尔津纳（Ziba Farzinnia）；（2）中亚以及高加索地区研究中心，主任

① 伊朗多数智库官网使用波斯语，受制于语言因素的制约，本章中笔者仅对3家有英文材料的智库进行研究。

② 根据网站资源翻译整理，http：//ipis. ir。

伊拉杰·埃拉希博士（Dr. Iraj Elahi）；（3）东南亚研究中心，主任莫森·罗伊斯法特（Mohsen Rohisefat）；（4）非洲研究中心，主任赛义德·内马图拉·加德利（Seyyed Nematollah Ghaderi）；（5）欧洲研究中心，主任赛义德·瓦希德·卡里米（Seyed Vahid Karimi）；（6）美国研究中心，主任马基德·阿拉维卡亚（Majid Alavikia）；（7）中东研究中心，主任阿利雷扎·米尔尤塞菲（Alireza Miryousefi）；（8）波斯湾研究中心，主任梅尔达德·基亚伊（Mehrdad Kiayi）；（9）策略研究中心，主任比扬·博纳达尔（Bijan Bonakdar）；（10）能源与国际经济研究中心，主任穆罕默德·贾瓦德·沙利亚提（Mohammad Javad Shariati）。

研究院的研究重点包括：（1）开展有关对外政策的研究和学习。（2）从国际关系学科特点出发进行相关研究并提供文献成果。（3）从合理应用国际关系理论出发为伊朗对外政策制定提供建议。

研究院还围绕研究重点开展以下活动：（1）组织专家圆桌论坛和会议。（2）召开国际会议，就重大国际问题进行专家分析。（3）举办国家级会议，就伊朗对外政策和国际关系事宜组织国内大学和智库进行分析研究。（4）开展研究项目，组建科研委员会，推动相关学科合作。

3. 主要研究力量及研究成果

穆斯塔法·扎拉尼（Mostafa Zahrani）博士，现任政治与国际研究所主任，1993 年在塔比阿特莫达勒斯（Tarbiat Modares）大学获得国际关系硕士学位，2002 年在德黑兰大学获得国际关系博士学位。1981 年加入伊朗伊斯兰共和国外交部，1982—1984 年间被派往伊朗驻维也纳大使馆，1999—2004 年间被派往伊朗驻纽约大使馆。穆斯塔法·扎拉尼作为伊朗谈判小组成员，在联合国 598 号决议中呼吁两伊战争停火，最终结束进行了 8 年的两伊战争。自 1993 年以来，穆斯塔法·扎拉尼就任外交部国际关系学院教员。主要研究方向是经济制裁的影响、美伊关系和重要的国际关系理论，其研究成果《美国外交政策的评论性研究》（*A Critical of US Foreign Policy*, 2013）被收录于美国学生教科书中。

研究院通过政策文件、月度期刊、图书和报告为伊朗对外政策的制定建言献策。

主要出版物包括：《对外政策期刊》（*Foreign Policy Journal*），季刊，创刊于1986年，旨在提高伊朗对外政策文献的水平并为国际关系学者提供对话平台。《中亚和高加索期刊》（*The Central Asia and the Caucasus Journal*），季刊，创刊于1992年，旨在传播中亚和高加索地区政策、经济、文化、社会、民族和语言等有关知识。《伊朗国际事务杂志》（*Iranian Journal of International Affairs*），季刊，创刊于1988年，英文杂志，主要关注伊朗对外政策、中东以及伊朗周围国家的形势与现状。《非洲研究期刊》（*African Studies Journal*），创刊于1994年，主要关注非洲地区的发展和相关专家关于非洲的观点。《阿姆河期刊》（*Amu Darya Journal*），俄语杂志，主要集中传播中亚以及高加索地区的相关知识。《事务分析月度公告》（*Events and Analyses Monthly Bulletin*），月刊，面向伊朗外交部及伊朗驻外使馆发行，主要进行对外实时事务的分析。与此同时，研究院还开展与国际关系相关问题的图书出版和翻译工作。

（二）伊朗可持续发展研究中心①

1. 历史沿革及职能定位

伊朗可持续发展研究中心是非政府、非营利的研究机构，致力于推动社会可持续发展和文化发展，主要研究领域集中于伊朗和亚洲的西南部地区。中心的专家还在非洲、拉丁美洲和亚洲等世界其他地区开展拓展性研究，从社会制度、大众认知和科学技术系统知识出发，为可持续自然资源管理提供建议。通过研究和协助管理来保护文化多样性，增强伊朗当地的本土文化传承意识，保护生物多样性，促进环境的可持续发展。

2. 机构设置及研究领域

中心由核心研究人员和大型研究网络组成，既有当地居民，又有相关领域的专家。

---

① 根据网站资源翻译整理，http：//cenesta. org。

中心的研究领域包括：（1）恢复当地原住民的权力和传统社区的保护；（2）农业的可持续发展、粮食安全和农业生态学；（3）国家和国际有关可持续发展和脱贫的政策与项目研究；（4）可再生能源研究；（5）自然资源合作化管理，包括野生动物保护区以及城市和工业区的管理；（6）社区自然资源管理；（7）环境、社会和健康影响评估。

3. 研究力量及研究成果

研究中心努力拓展国际合作渠道，是国际自然保护联盟（IUCN）成员、防治荒漠化国家委员会非政府组织成员、全球森林联盟（GFC）成员、原住民迁徙研究世界联盟（WAMIP）创始会员、伊朗土著游牧部落联盟（UNINOMAD）创始会员、伊朗农业生态学生产商联盟（UNI－AGRO-ECOLOGY）创始会员。

中心主要出版物有：《Drynet 实时通讯》（*Drynet*）、《政策事务》（*Policy matters*）。其中，《政策事务》创刊于 2001 年，截至 2006 年，总共发行了 16 期。《Drynet 实时通讯》创刊于 2007 年，每年发行 1—5 期不等。此外，中心还定期为公众提供影像出版物，就不同主题进行介绍。

（三）拉文协会[①]（Ravand Institute）

1. 历史沿革及职能定位

拉文协会成立于 2005 年，是一家独立、私人、非党派、非政府组织的研究机构，主要研究伊朗现在或未来出现的与政策相关的重要问题。主要工作集中于以下四个方面：提供相关策略建议与指导；组织相关论坛和会议；组织拉文课程、学习实践活动以及其他特殊接待任务；就政策问题进行研究以及做出报告。

2. 机构设置及研究领域

阿德里（Adeli）博士是伊朗知名经济学家、拉文协会的创立者。1989—1994 年，就职于伊朗中央银行并带头进行伊朗的经济改革和转型。1999—

① 根据互联网资源翻译整理，http：//ravandinstitute.com/。

2004年，担任伊朗外交部副部长并主要关注经济事务。曾担任伊朗驻日本、加拿大、英国的大使以及伊朗国际性经济、外交主题会议论坛的发言人。协会主要依靠会员制度运行，会员和机构有多种分类方法。同时，研究人员可通过网站提交研究成果和文章。

拉文协会的重点研究任务包括：（1）研究深层次国际化发展、宏观经济和地缘政治走向；（2）研究重大地缘政治、经济和环境问题对伊朗政治与经济环境的影响；（3）协助伊朗的私企和国企解决在全球化进程中遇到的困难和问题，包括提供咨询意见、商业透析和策略引导、企业重组和方案计划；（4）促进形成策略联盟，建立优势联盟组织。

3. 主要研究力量及研究成果

代表性研究人物为基亚·塔巴塔见（Kia Tabatabaee），1951年出生，系资深外交官，曾任伊朗驻瑞士大使、伊朗驻苏联大使和联合国办公室官员。与伊朗外交部副部长阿德里长期共事，曾就伊朗与欧盟贸易合作问题与欧盟贸易委员会进行八轮贸易谈判并最终达成协议。参加过瑞士达沃斯论坛和其他大型地区性会议。自拉文协会成立以来，一直担任协会负责人并积极参与研究工作。

协会主要研究成果包括：政策报告、专业论文、英文专业性期刊。协会两个常规期刊为波斯语期刊和英语期刊，以及其他周期性的分析报道等。出版物主要面向个人、政策制定者、商业人士、中介机构、学者、媒体咨询人士等，研究内容包括经济、地理、国际和环境问题。

二、伊朗智库的特点

伊朗是世界上重要的石油生产国，国内建立了完善的工业体系，在中东地区属于工业化发展程度较高的国家。同时，伊朗作为全球最大的什叶派国家，在中东地区长期处于与逊尼派国家集团冲突与对抗的状态：2016年初发生沙特阿拉伯等国因“奈米尔事件”而相继宣布与伊朗断交事件；叙利亚内战的持续又强化了伊朗与俄罗斯在中东地区的战略合作。

基于上述背景，伊朗智库的研究议题具有以下特点：一是研究对象和领域基本实现了全球覆盖，具备强烈的国际化特点和地区大国视野。伊朗政治与国际问题研究所下设10个研究中心，覆盖了亚太地区、中亚以及高加索地区、东南亚地区、非洲、欧洲、美国、中东、波斯湾等区域，基本上涵盖了全球的主要区域和大国。二是研究议题关注伊朗的可持续发展，分析研究全球化背景下伊朗能够实现可持续发展的路径，强调改革发展的重要性。

总的来说，本章对中东地区非阿拉伯国家智库的总体情况进行了分析，在此基础上，选择伊朗进行智库案例研究，对伊朗政治与国际问题研究所、伊朗可持续发展研究中心、拉文协会3家智库的历史沿革与职能定位、机构设置及研究领域、研究力量及研究成果进行了专题分析，并总结了伊朗智库的总体特点。

第七章 “一带一路”倡议与中东地区智库的交流

中国与阿拉伯国家一直以来保持着睦邻友好关系。另外，中国与以色列、土耳其和伊朗都建立了外交关系，同时也是中东地区相关国家的重要战略合作伙伴和贸易伙伴。2013 年，习近平主席提出“一带一路”倡议后，中东地区高度关注和认同，中东地区智库也加强了与中国政府部门、驻外使领馆及研究机构的深入合作。从“一带一路”倡议提出至今，中东地区智库通过与中国政府部门、驻外使领馆以及中国社会科学院、高校智库等签订合作协议和备忘录，联合主办国际研讨会，合作开展学术研究，互派团体和研究人员交流等，不断拓展智库合作领域，提升合作层次，深化合作内涵。

第一节 “一带一路”倡议下中东地区智库与中国的合作途径

在与中东地区智库开展合作方面，中国驻中东地区使领馆充分发挥驻在地的优势，通过举办研讨会、展览等形式，向中东地区各国的政界、学界、媒体界介绍“一带一路”倡议的进展情况。从国内学术界来看，中国社会科学院西亚非洲研究所、中国现代国际关系研究院中东研究所、上海外国语大学中东研究所、西北大学中东研究所等机构长期从事中东问题研究，与中东地区相关国家的智库已经建立学术联系，并在“一带一路”倡议提出后，与中东地区相关智库联合举办国际研讨会，做好相关政策的解读工作，为“一带一路”倡议在中东地区的顺利推进提供学术支持。从媒体层面而言，新华社、《今日中国》杂志社等机构也在中东地区举行了系列活动，宣传“一带一路”倡议。

一、签署合作协议

一是在政府层面开展合作。2016 年 1 月 23 日，在习近平主席对伊朗进行国事访问期间，中国与伊朗签署了《中国国家发改委、中国人民大学和伊朗外交部、伊朗政治与国际问题研究院共建“一带一路”智库合作备忘录》。该协议是“一带一路”倡议提出后，第一个重要大国之间官学合作、共建“一带一路”的国际智库合作协议，是习近平主席访问伊朗的重要成果，也意味着中国“一带一路”倡议的推进在政策沟通、民心相通方面迈出了重要一步，初步建立了“官学联合、跨国推进‘一带一路’建设”的智库合作模式。协议的具体内容包括双方在学术与研究领域的交流与合作、互派访问学者、推进在一些重大课题上的共同研究等。该智库合作协议还明确指出，相关内容由中国人民大学重阳金融研究院、伊朗政治与国际问题研究院负责具体实施推进。[①]

二是学术机构开展合作。2017 年 4 月 23 日，卡塔尔半岛研究中心主任萨拉赫丁·宰因（Salah Eddin Elzein）与半岛电视台驻北京分社社长伊扎特访问西北大学中东研究所，中东所所长黄民兴教授、王猛副研究员、蒋真副研究员、赵广成副教授以及部分研究生在中东所会议室同萨拉赫丁·宰因等一行数人举行会谈，双方签署学术合作备忘录。[②]

---

① “中国伊朗达成首个官学合作智库协议”，http：//world. huanqiu. com/exclusive/2016 －01/8434865. html。

② “卡塔尔半岛研究中心主任访问中东研究所”，http：//www. nwuimes. com/index. php？ a = show&id = 185&m = Article。

二、成立合作机构

2017年4月24日，《今日中国》杂志社在埃及开罗召开了《今日中国》中东智库委员会成立大会，智库委员会成员包括埃及《金字塔报》《共和国报》、O2传媒集团等当地主流媒体的专家。智库委员会成员就《今日中国》阿文版出版发行、联合策划出版图书、举办中埃研讨会及相关活动等提出意见和建议，并表示希望与中国外文局在多个领域进行更为深入和广泛的交流与合作。

三、举办国际会议

一是驻外使领馆与当地智库联合举办会议。2016年10月31日，中国驻埃及大使馆与埃及金字塔政治和战略研究中心联合举行“中国与中东热点问题”研讨会，来自中国社会科学院西亚非洲研究所、中国现代国际关系研究院中东研究所、新华社中东总分社、埃及金字塔政治与战略研究中心的国际政治领域的专家学者，以及中埃媒体代表等50余人应邀参加。与会专家学者围绕“中东政治与安全的转变方向”“中东热点向何处去”“中东舞台上恐怖极端组织的未来走向”“中国与中东地区冲突的相互影响关系”4个议题展开专题研讨，涉及中东地区总体形势以及叙利亚、也门、利比亚、“伊斯兰国”等诸多地区热点问题。在讨论环节，埃方学者表示，中国是中东地区国家的真诚朋友，随着中国国际地位的不断提升，期待中国在地区问题上发挥更大作用。①

二是举行高规格的智库合作峰会。2016年12月17日，中国—海湾国家经济合作智库峰会在北京钓鱼台国宾馆举行，来自中国和海湾国家的约

① “驻埃及使馆举办‘中国与中东热点问题’研讨会”，https：//www. fmprc. gov. cn/ce/ceegy/chn/zxxx/t1412226. htm。

180 名政府官员、企业人士和学者参会。与会代表从“中国—海湾国家经济合作战略与智库作用”“中国—海湾国家能源合作”以及“‘一带一路’背景下中国—海湾国家产业与金融合作”三个方面，就推进中国与海湾国家的合作进行了深入讨论。峰会旨在充分发挥智库在国际经贸合作中的促进作用，让海湾国家更好地了解中国，携手中国和海湾国家相关政府部门、行业组织和企业界，打造大型论坛平台，进而开展中国与海湾国家经济合作与发展战略的国际问题研究，推动中国和海湾阿拉伯国家之间经济、投资、贸易、金融、技术等多领域的交流与合作。① 通过峰会的举办，中国和海湾国家都认识到双方合作潜力巨大，在进一步深化交流合作的基础上，未来双方还需要在政治互信、战略对接、政策沟通以及贸易投资的便利化、规则的统一等方面做出改进。中国—海湾国家经济合作智库峰会应该在促进中国与海合会的交流、合作方面贡献更多智慧和力量。

三是联合举办学术研讨会。2016 年 9 月，上海外国语大学中东研究所与黎巴嫩阿拉伯统一研究中心联合主办了“第五届亚洲与中东国际论坛”，并签订了合作备忘录。为继续深化智库交流和政策沟通，2017 年 2 月 21 日，双方又在黎巴嫩贝鲁特联合举办“中阿关系研讨会”，来自中国、英国、黎巴嫩、埃及、约旦、伊拉克、沙特、阿曼、卡塔尔、利比亚、阿尔及利亚、摩洛哥等 15 个国家的近 50 名专家、学者、外交官和媒体人士出席研讨会。与会代表围绕中国与阿拉伯国家的历史交往、政治关系、经贸合作、共建“一带一路”、反恐合作、发展模式、人文交流等议题进行了深入研讨。黎巴嫩国家通讯社、黎巴嫩“广场”电视台（Al Mayadeen）、阿拉伯马格里布通讯社等多家阿拉伯地区的媒体对此次研讨会进行了深度报道。会后，黎巴嫩阿拉伯统一研究中心出版了此次国际会议的论文集《中阿关系》（阿文版），这也是上海外国语大学贯彻落实中国外交部中阿“1 + 1”智库合作计划的重要成果。2017 年 4 月 24 日，上海外国语大学中

① “中国—海湾国家经济合作智库峰会在京举行”，http：//www. cankaoxiaoxi. com/china/20161218/1529603. shtml。

东研究所和卡塔尔半岛研究中心联合主办“‘一带一路’与中阿合作”国际研讨会。来自卡塔尔半岛研究中心、上海外国语大学中东研究所、上海国际问题研究院、上海社会科学院的20余名中外专家学者出席了研讨会。与会专家学者围绕“一带一路”与中阿关系和中阿智库合作两大议题进行了深入研讨。①

四、机构互访交流

2018年7月2日上午，摩洛哥皇家战略研究院院长穆罕默德·塔菲克·穆利内（Mohanmmes Tawfik Mouline）率领的皇家战略研究院代表团一行到中国社会科学院西亚非洲研究所交流座谈。双方学者交流了有关非洲的自主发展、中国经济发展对非洲和摩洛哥的影响及相互关系、俄罗斯在中东的政策、中国在叙利亚问题上的立场以及摩洛哥与非盟、欧盟、阿盟等国际组织的关系等问题。

2017年6月23日，沙特阿拉伯费萨尔国王伊斯兰研究中心秘书长萨乌德·萨尔汉博士和穆罕默德·苏达里（Mohammed Alsudairi）等一行三人到访中国社会科学院西亚非洲研究所。沙特阿拉伯学者简要介绍了近期中东局势及沙特国内政治形势。与会专家围绕中东地缘格局变化、沙特和卡塔尔断交后的沙卡关系、如何看待卡塔尔断交危机中土耳其的作用、瓦哈比运动在沙特政治生活中的作用、沙特部落传统的影响以及“沙特2030愿景”等议题进行了热烈的讨论。双方还就西亚非洲研究所与费萨尔国王伊斯兰研究中心之间开展学术交流与合作等事宜进行了磋商。

2016年10月17日，土耳其智库学者及友华人士代表团团长、伊兹密尔经济大学校长法特玛·纳西耶·江·穆安（Fatma Naciye Can Mugan）一行10人到访中国社会科学院西亚非洲研究所。座谈会上，中土专家围绕中

---

① 关于上海外国语大学中东研究所与中东地区相关智库合作的内容，系笔者通过该中心网站的内容综合整理而成。

国“一带一路”倡议及中土战略合作关系潜力、发展前景等议题进行了深入细致的交流和研讨。

2016 年 10 月 19 日，埃及前副外长阿里·侯夫尼（Aly El - Hefny）率埃及外交事务委员会代表团一行 5 人到访中国社会科学院西亚非洲研究所。双方专家围绕中东热点问题，中埃关系，中东地区安全，美国、土耳其、沙特的政治变化对中东地区的影响，叙利亚问题，日本在中东地区的作用以及中国中东政策等问题进行了广泛的交流和讨论。[①]

第二节　中东地区智库对“一带一路”倡议的态度

“一带一路”倡议提出后，成为中东地区相关国家开展中国问题研究的重要议题。在中东地区智库与国内相关机构的合作中，“一带一路”倡议成为双方交流的重要议题。自 2014 年以来，相关国家的智库成员通过撰写学术文章或接受媒体采访等方式表达了对“一带一路”倡议的看法。

中东地区的众多国家处在不同的发展状况，自 2013 年“一带一路”倡议正式提出后，埃及在经历国内政权更迭的背景下，拥有强烈的发展愿望，在中东地区国家中对“一带一路”倡议态度最为积极，多家智库对“一带一路”倡议表达了肯定和支持的态度。

2014 年 6 月 19 日，中国驻埃及大使馆与埃及地区战略研究中心（Regional Center for Strategic Studies）合作举办“复兴丝绸之路”专题研讨会。埃及前总理沙拉夫表示，“一带一路”倡议的提出，有助于打造中阿合作论坛的“升级版”，带动中阿在经贸、人文等各领域的互利合作，从而实现中阿各自全面发展，并希望“埃及苏伊士运河走廊”开发项目能够成为

① 上述内容根据中国社会科学院西亚非洲研究所官网“学术交流”板块内容整理，http：//iwaas. cssn. cn/xshd。

中埃共建“一带一路”的重要组成部分。[①]

2015 年，埃及金字塔政治和战略研究中心的高级研究员穆罕默德·法伊兹·法拉哈特（Mohammed Fayez Farahat）和索巴哈·艾西拉（Sobhy Essila）对“一带一路”倡议进行了专题研究。前者侧重研究“一带一路”倡议中所面临的风险、挑战及应对措施，为阿拉伯和中东人民真实地了解“一带一路”奠定良好基础。后者对中国和埃及两国在“一带一路”框架下如何发展彼此优势，进一步开展合作进行了深度研究。2018 年 7 月 4 日，穆罕默德·法伊兹·法拉哈特（Mohammed Fayez Farahat）在中非智库论坛第七届会议上表示：中国正在成为全球化的主导，把全球化从贸易与资本流通转化为发展活力，从有利于西方世界的经济秩序转化为有利于发展中经济体的秩序。

埃及经济研究论坛作为地区性经济研究机构，对包括中国在内的域内外国家经济体进行研究。2015 年 12 月 11 日，在土耳其首都安卡拉，经济研究论坛举办“‘一带一路’框架下对中国的认知与贸易”会议，围绕中国与土耳其如何在“一带一路”框架下开展商业贸易及其对中国经济与世界经济发展的影响进行了讨论。

除了埃及之外，海湾地区的沙特阿拉伯、卡塔尔等国家的智库也对“一带一路”倡议关注度较高。沙特阿拉伯海湾研究中心主席阿卜杜拉·阿齐兹·塞格博士 2016 年 4 月载于《海湾观点》的文章《发展与疑虑：中国与海湾国家间的关系》[②] 认为，中国的快速崛起以及对国际事务参与程度的加深，使得中国对海湾地区有着越来越重要的影响，北京于 2013 年提出的“一带一路”这一举措将变得越来越重要，在重振古丝绸之路，连通亚洲、欧洲与非洲，加强合作，促进沿线国家的发展方面，海湾国家将是重要的一个站点。

① “我驻埃及使馆与埃及智库合作举办‘复兴丝绸之路研讨会’”，http：//news. 163. com/14/0619/20/9V4KL9H900014JB6. html。

② http：//www. araa. ae/index. php？ option = com_content&view = article&id = 3699：2016 – 04 – 03 – 07 – 27 – 33&catid = 1202：editorial&Itemid = 172。

卡塔尔阿拉伯政策研究中心研究员萨米尔·赛伊凡（Samir Sayivan）认为，“一带一路”与阿拉伯国家实现经济多元化、推进工业化的需求结合了起来。它带来的将不仅是阿中贸易往来的进一步畅通，还有通过生产型投资加速阿拉伯地区工业化的机遇。

土耳其经济政策研究会创始人古温·萨克（Goodwin Sack）于2014年11月访问中国并参加中国（海南）改革发展研究院、中国国际经济技术交流中心举办的“2014新兴经济体智库经济政策论坛”，他认为“一带一路”倡议是为对外经贸合作搭建的优良平台。

在2015年土耳其举办的G20峰会上，土耳其经济和外交政策研究中心执行董事穆罕默德·阿尔达（Mohammed Alda）认为，中国经济与世界经济的互动涉及多个领域，如原材料的供需、出口和产业结构的调整互补以及外汇储备等。中国是南南合作的参与者和推动者，同时也在不断加深与发达经济体的经贸交融。中国提出的“一带一路”倡议和设立亚洲基础设施投资银行以及金砖国家新开发银行的举措，为促进南南合作和南北合作发挥了“桥梁”作用。从各种反应来看，中国在全球发挥的领导作用正在逐渐得到认可。①

中东地区多个国家的智库通过不同渠道表达了对“一带一路”倡议的认可。此外，中东地区的智库也密切关注中国崛起对中东地区的影响、中国在中东地区热点问题上的立场与态度、中国“一带一路”倡议的提出与合作前景分析、中国与海湾地区合作的障碍与可能、中国与中东国家的军事合作等议题。2016年4月，巴林战略、国际问题与能源研究中心发表题为《中国对伊朗和海合会的战略：平衡利益与原则的两难》的报告，认为中国在中东的经济影响力并未转化为政治影响力。尽管中国在中东的经济利益上升，但其传统的“不干涉内政”等外交原则限制了中国在海湾地区发挥更大作用。

① “G20峰会15日至16日在土耳其安塔利亚举行”，http：//finance. southcn. com/f/2015-11/13/content_136855266. htm。

2016 年，习近平主席对中东的沙特阿拉伯、埃及和伊朗三国进行第一次国事访问后，中东地区智库关注的议题聚焦于习近平主席出访中东三国后中国中东政策的变化、阿拉伯国家的态度、中东阿拉伯地区的局势不稳对中阿合作的影响，以及美国、俄罗斯等大国在中东地区的动作会对中阿之间的合作产生怎样的影响等一系列问题，反映出中国与中东地区相关国家之间的合作、挑战、应对等一系列议题是中东地区相关国家政府关注的重点。

2018 年 7 月 10 日，在中国—阿拉伯国家合作论坛第八届部长级会议召开前夕，中国外交部中阿合作论坛事务大使李成文表示，中阿之间应该加强智库人文交流，通过开展各种形式的交流活动加强中阿双方在发展新能源的政策设计、技术研发、示范项目推广及人才培养方面的交流与合作，实现经验共享，共同寻求经济与人文发展合作之间的平衡，让“命运共同体”的意识在中阿能源合作中落地生根。[①]

2019 年 6 月 23 日，沙特阿拉伯智库海湾研究中心首席经济专家约翰·斯法基亚纳基斯在接受新华社记者电话采访时表示，“中国提出的‘一带一路’倡议对发展中国家来说非常有意义，我期待在该倡议下出现更多更有价值的项目，以更好促进这些国家的经济社会发展”。[②]

综上所述，本章对中东地区智库与中国近年来的合作进行了全面梳理，双方相关机构通过签署合作协议、成立合作机构、举办国际会议、开展机构互访交流等多种方式建立全方位联系。“一带一路”倡议提出后，中东地区相关智库高度重视，通过开展研究或举办会议等形式，对“一带一路”倡议表达了肯定和支持的态度。此外，中东地区有关智库还希望了解“一带一路”倡议提出的背景与合作前景，并对习近平主席出访中东后中国中东政策的走向高度关注。

---

① “共建一带一路 深化中阿能源合作”，http：//www. xinhuanet. com/energy/2018 - 07/06/c_1123086380. htm。

② “沙特‘海湾研究中心’首席经济学家：中国对全球经济贡献有目共睹”，http：//www. scio. gov. cn/m/37259/Document/1657749/1657749. htm。

第八章 思考

智库作为政策研究机构，主要通过学理性研究、产生概念化的思想理论、运用咨询建言等方式影响公共政策的制定及政府的执政理念和行动，客观上成为社会主流意识形态及话语体系的重要生产主体之一。中东地区是全球地缘战略格局中典型的“破碎地带”（Shattered Belt），汇聚了日益复杂多变的宗教与民族矛盾，展现出传统社会在急速发展的经济全球化进程中因转型失败而趋于破碎的纷乱局面，因而长期以来一直是大国战略博弈和竞争的平台。[①] 中东地区的地缘特色决定了其智库发展带有鲜明的地域特色，由于中东地区内部发展的不平衡，海湾地区、沙姆地区、北非地区和中东地区非阿拉伯国家四大区域的智库可谓各具特色。

第一节 中东地区智库总体出现数量持续增加的趋势

2013—2018 年，中东地区智库的数量呈现逐年增加态势，与中东地区动荡的地区形势形成鲜明的反差。究其原因，2018 年 1 月发布的《全球智库指数报告》对中东和北非地区智库增加的原因进行了简要梳理，主要原

① 忻华著：《欧洲智库对欧盟中东政策的影响机制研究》，社会科学文献出版社 2017 年版，第 41 页。

因如下：（1）信息和技术革命；（2）国内政府结束对信息的垄断；（3）政策问题呈现出越来越多的复杂性和技术特性；（4）政府规模扩大；（5）对政府和选举产生的官员的信心丧失；（6）全球化以及国家和非国家行为体的增加；（7）对“在正确的时间由合适的人以恰当的形式”提供及时、精准的信息和分析的需求。①

笔者认为，从2010年中东剧变至今，中东和北非地区正在经历发展转型期，以埃及为代表的部分国家政权的更迭、海湾传统君主制国家的经济下滑、叙利亚内战、伊朗核问题、以“伊斯兰国”为代表的恐怖组织发展壮大导致恐怖事件频发等一系列问题，使得地区转型发展的努力面临内外因素的掣肘，叙利亚难民问题甚至成为影响欧洲乃至全球安全的难题之一；同时，全球化和信息技术的发展又将地区内部问题发酵成国际问题，国家内部的政策制定受到国内外多种因素的影响；信息技术的发展、自媒体的兴起，使得公众对政策决策过程的关注度提升；多种原因导致中东和北非地区对智库建设的需求上升，这也能够解释为什么在经历了2015年和2016年两个年度的大幅度下跌后，2017年和2018年整个地区的智库数量还能出现迅速回升的现象。可以说，智库建设是中东地区和域内国家发展的“试金石”。

第二节　中东地区智库发展不平衡，多元特色鲜明

中东地区国家众多，且发展水平不一，因此其智库体系呈现出鲜明的发展不平衡特色。以色列的智库建设水平在中东地区乃至全球都位居前列，属于中东地区智库发展的一类地区；海湾地区国家依赖石油和天然气能源，积聚了大量石油财富，因此能够为智库建设投入充足的经费，王室

① McGann, James G., *Global Go To Think Tank Index Report 2017*, p.9, http://repository.upenn.edu/think_tanks/13.

直接支持和国际合作类型智库较多，其中比较有影响力的有阿卜杜拉国王石油研究中心、布鲁金斯学会多哈中心、兰德－卡塔尔政策研究中心等。沙姆地区在中东地区的发展史中一直扮演着文化高地的角色，大学体系发达，为中东地区培养了大批高水平人才。黎巴嫩、叙利亚都是具有悠久历史的国家，在发生政局动荡前两国的综合实力均位于中东地区前列。因此，约旦大学战略研究中心 2016—2018 年连续几年占据中东地区“最佳智库”榜单前部位置。北非地区的埃及也是中东地区的教育重镇，开罗大学、亚历山大大学等均系中东地区知名高等学府，为智库建设提供了大批高素质人才支持，金字塔政治和战略研究中心一直是中东地区影响力较大的智库之一。

中东地区的智库基本涵盖了各种类型的智库，包括政府智库、高校智库、独立智库、媒体智库、国际合作智库等，实现了政策、学术、媒体等渠道的连接，关注的议题包括安全、经济、能源等多个领域，形成具备中东地区特色的发展模式。从中东地区智库发展的实践中不难发现，支撑智库建设的两大关键要素为资金和人才。充足的经费投入可确保智库能够顺利运转，并且按照各自的定位开展相关的议题研究，为其所在国家的王室或者政府提供多领域的政策咨询服务，国际合作类智库同时又能为中东与相关国家建立政府外交之外的民间通道提供有关消息的沟通交流，海湾地区的相关智库就是其中的范例。此外，高素质的人才队伍是智库运行的重要影响因素。中东剧变后，中东地区整体局势处于剧烈变革的时期，叙利亚内战、恐怖主义、难民问题均成为全球关注热点，部分国家政局动荡对其经济发展造成较大影响，民生问题成为影响各国稳定的突出问题。虽然目前中东地区仍处于转型发展的关键阶段，但由于其在高等教育方面积淀深厚，教育领域受到政局的冲击不大，仍然能够持续为中东地区培养高素质的人才，为众多智库源源不断地输出智力支持，使得中东地区的智库一直保持相对稳定的发展态势。

第三节　中东地区智库影响政策的路径

智库从其自身定位而言主要是为政策服务，而且在决策体系中总是并存多个行为体，相互开展竞争，以争夺影响力和话语权。一般而言，智库影响政策的路径主要包括以下几种：通过新思维和新观念来影响公众和国家政策方向；通过重构已有观念来影响公众舆论和国家内外方针；政府政策转变后，对政策实施的细节提出具体建议；通过获得政治权力来影响国家内政外交决策；通过"旋转门"机制来影响国家政策，即学者或政治家在智库和高级政治助理之间转换；通过出版物对政策行为做出预测或评价；智库之间、智库与民间团体之间的沟通与合作也是提高智库影响力的重要方式。①

从上文对中东地区众多智库的历史沿革与职能定位、机构设置及研究领域、研究力量及研究成果的分析中可以清晰地发现，中东地区的智库均有自己稳定的研究队伍、明确的研究方向和各种公开出版的研究成果。关于中东地区智库如何影响政策的实施，目前并没有太多的研究成果，但无论智库是通过何种途径对政策产生直接或间接的影响，研究者和研究成果一定是其中两个最为关键的要素，而这两个要素在中东地区的各家智库中均得到体现。此外，智库发展历程中形成的"旋转门"特色在中东地区表现得并不突出，这与中东地区的政治传统密切相关，部落、家族是中东地区特别是阿拉伯社会结构的内在性结构，与现代政治体系形成鲜明的对比。

本书对中东地区智库的总体发展态势进行了分析，并选择了具有代表性的智库进行案例研究，基本反映出中东地区不同区域和国别的智库发展

---

① 王佳尼："当代土耳其智库的发展及其影响"，《阿拉伯世界研究》2019 年第 1 期。

水平。由于中东地区特殊的地理位置和国际战略地位，西亚北非地区的中东智库也致力于本区域内能源安全、国家安全战略、中东地区和平、被占领土的未来及与以色列和平共处的前景等政治、能源、安全、社会问题的研究，对于国际上广泛关注的全球金融危机与国际金融体系改革、气候变暖与环境问题、防止大规模杀伤性武器扩散与国际军控、公共卫生与食品安全、网络与信息安全等议题，研究力度明显不足。受制于中东地区多语种因素的影响，第一手研究素材的收集难度较大，笔者对中东地区智库的研究只是揭开了冰山一角，仍有大量的研究工作需要跟进，这也是未来笔者在科研道路上继续努力的方向。

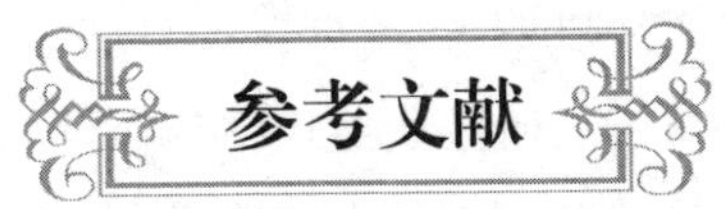

参考文献

一、英文文献

1. Avins, Jeremy, "Strategy Is a Fundraising Necessity, Not a Luxury." On Think Tanks. November 25, 2013, https://onthinktanks.org/articles/strategy-is-a-fundraising-necessity-not-a-luxury/.

2. "A New Ranking: The 2016 Big Data Report on Chinese Think Tanks." On Think Tanks. June 23, 2017, https://onthinktanks.org/resources/a-new-ranking-the-2016-big-data-report-on-chinese-think-tanks/.

3. Bennett, Amanda, "Are Think Tanks Obsolete?" The Washington Post. October 5, 2015, https://www.washingtonpost.com/news/in-theory/wp/2015/10/05/are-think-tanks-obsolete/? noredirect = on&utm_ter&utm_term =.20802394eb95.

4. *Global Go to Think Tank Index Report 2018 & Abridged Report*, Think Tanks and Civil Societies Program, University of Pennsylvania, Philadelphia, PA US, April 25, 2019.

5. *Global Go to Think Tank Index Report 2017 & Abridged Report*, Think Tanks and Civil Societies Program, University of Pennsylvania, Philadelphia, PA US, January 30, 2018.

6. *Global Go to Think Tank Index Report 2016 & Abridged Report*, Think

Tanks and Civil Societies Program, University of Pennsylvania, Philadelphia, PA US, January 26, 2017.

7. *Global Go to Think Tank Index Report 2015 & Abridged Report*, Think Tanks and Civil Societies Program, University of Pennsylvania, Philadelphia, PA US, February 9, 2016.

8. *Global Go to Think Tank Index Report 2014 & Abridged Report*, Think Tanks and Civil Societies Program, University of Pennsylvania, Philadelphia, PA US, March 1, 2015.

9. *Global Go to Think Tank Index Report 2013 & Abridged Report*, Think Tanks and Civil Societies Program, University of Pennsylvania, Philadelphia, PA US, January 22, 2014.

10. Henke, Nicolaus, Jacques Bughin, Michael Chui, James Manyika, Tamim Saleh, Bill Wiseman, and Guru Sethupathy, "The Age of Analytics: Competing in a Data – driven World." McKinsey Global Institute. December 2016, https://www.mckinsey.com/business – functions/mckinsey – analytics/our – insights/the – age – of – analytics – competing – in – a – date – driven – world.

11. Kuntz, Fred, "Communications and Impact Metrics for Think Tanks." Centre for International Governance Innovation, July 11, 2013, http://www.cigionline.org/articles/communications – and – impact – metrics – think – tanks.

12. Lipton, Eric and Williams, Brooke, "How Think Tanks Amplify Corporate America's Influence." *The New York Times*. January 20, 2018.

13. Numanović, Amar, "Data Science: The Next Frontier for Data – Driven Policy Making?" Medium. July 11, 2017, https://medium.com/@numanovicamar/https – medium – com – numanovicamar – data – science – the – next – frontier – for – data – driven – policy – making – 8abe98159748.

14. Ovans, Andrea, "What Is a Business Model?" Harvard Business Review. December 06, 2017, https://hbr.org/2015/01/what – is – a – business –

model.

15. Ralphs, Gerard, "Think Tank Business Models: The Business of Academia and Politics." On Think Tanks. June 14, 2016, https://onthinktanks.org/articles/think - tank - business - models - the - business - of - academia - and - politics/.

二、中文文献

1. 王灵桂著:《国外智库看"一带一路"》，社会科学文献出版社 2015 年版。

2. 张倩红著:《以色列蓝皮书（2015）》，社会科学文献出版社 2015 年版。

3. 杨光编:《中东发展报告（2014）》，社会科学文献出版社 2015 年版月。

4. 中国社会科学院文献信息中心研究部编:《国外人文社会科学机构手册》，社会科学文献出版社 2007 年版。

5. 罗林编:《阿拉伯发展报告（2015）》，社会科学文献出版社 2015 年版。

6. 李建军、崔树义主编:《世界各国智库研究》，人民出版社 2010 年版。

7. 王佩亨、李国强等著:《海外智库——世界主要国家智库考察报告》，中国财政经济出版社 2013 年版。

8. 李轶海、金彩红著:《国外著名智库研究》，上海社会科学院出版社 2010 年版。

9. 王辉耀、苗绿著:《大国智库》，人民出版社 2014 年版。

10. 忻华著:《欧盟智库对欧盟中东政策的影响机制研究》，社会科学文献出版社 2017 年版。

11. [日] 铃木崇弘著，潘郁玲译:《何谓智库》，社会科学文献出版社 2018 年版。

附录 中东地区最佳智库名单（2013—2018年）

2013 年中东地区最佳智库榜单

排名	英文名称	中文译文	国家
1	Al-Ahram Center for Political and Strategic Studies (Egypt)	金字塔政治和战略研究中心	埃及
2	Brookings Doha Center (Qatar)	布鲁金斯学会多哈中心	卡塔尔
3	Center for Economics and Policy Studies (EDAM) (Turkey)	经济和外交政策研究中心	土耳其
4	Carnegie Middle East Center (Lebanon)	卡耐基中东中心	黎巴嫩
5	Institute for National Security Studies (INSS) FNA Jaffee Center for Strategic Studies (Israel)	国家安全研究所加菲战略研究中心	以色列
6	Al Jazeera Centre for Studies (Qatar)	半岛研究中心	卡塔尔
7	Turkish Economic and Social Studies Foundation (TESEV) (Turkey)	土耳其经济和社会研究基金会	土耳其
8	Gulf Research Center (GRC) (Saudi Arabia)	海湾研究中心	沙特阿拉伯
9	Arab Thought Forum (Jordan)	阿拉伯思想论坛	约旦
10	Begin-Sadat Center for Strategic Studies (Israel)	贝京－萨达特战略研究中心	以色列

续表

排名	英文名称	中文译文	国家
11	Economic Research Forum (Egypt)	经济研究论坛	埃及
12	Association for Liberal Thinking (Turkey)	自由思想联盟	土耳其
13	Amadeus Center (Morocco)	阿玛迪斯研究院	摩洛哥
14	European Stability Initiative (Turkey)	欧洲稳定倡议	土耳其
15	Center for Strategic Studies (Jordan)	约旦大学战略研究中心	约旦
16	RAND-Qatar Policy Institute (Qatar)	兰德－卡塔尔政策研究所	卡塔尔
17	Harry S. Truman Institute for Advancement of Peace (Israel)	哈利·斯·杜鲁门和平进步研究所	以色列
18	Centre des Etudes et Recherches en Sciences Sociales (CERSS) (Morocco)	社会科学研究中心	摩洛哥
19	Information and Decision Support Center (IDSC) (Egypt)	信息与决策支持中心	埃及
20	Moshe Dayan Center for Middle Eastern and African Studies (Israel)	摩西·达扬中东及非洲研究中心	以色列
21	Center of Arab Women for Training and Research (Egypt)	阿拉伯妇女培训和研究中心	埃及
22	The Regional Center for Strategic Studies in Cairo (RCSS) (Egypt)	地区战略研究中心	埃及
23	Bahrain Center for Studies and Research (Bahrain)	巴林国家研究中心	巴林
24	Center for Arab Unity Studies (CAUS) (Lebanon)	阿拉伯统一研究中心	黎巴嫩
25	Arab Planning Institute (API) (Kuwait)	阿拉伯规划研究所	科威特
26	Egyptian Center for Economic Studies (Egypt)	埃及经济研究中心	埃及

续表

排名	英文名称	中文译文	国家
27	Israel Democracy Institute (IDI) (Israel)	以色列民主协会	以色列
28	Contemporary Center for Studies and Policy Analysis (Palestine)	当代研究和政策分析中心	巴勒斯坦
29	Egyptian Council for Foreign Affairs (Egypt)	埃及外交事务委员会	埃及
30	Emirates Center for Strategic Studies and Research (United Arab Emirates)	阿联酋战略研究中心	阿联酋
31	International Institute for Counter-Terrorism (ICT) (Israel)	国际反恐研究所	以色列
32	Tunisian Institute for Strategic Studies (ITES) (Tunisia)	突尼斯战略研究所	突尼斯
33	The Economic Policy & Research Center (EPRC) (United Arab Emirates)	经济政策与研究中心	阿联酋
34	Dubai Institute of Government (United Arab Emirates)	迪拜政府学院	阿联酋
35	Israel Center for Social and Economic Progress (ICSEP) (Israel)	以色列社会与经济进步中心	以色列
36	Ibn Khaldoun Center for Development Studies (Egypt)	伊本·卡尔顿发展研究中心	埃及
37	Falk Institute for Economic Research (Israel)	法尔克经济研究所	以色列
38	Kuwait Center for Strategic Studies (Kuwait)	科威特战略研究中心	科威特
39	Issam Fares Center for Public Policy and International Affairs (IFI) (Lebanon)	伊赛姆·法尔斯公共政策和国际事务中心	黎巴嫩
40	Jerusalem Center for Public Affairs (Israel)	耶路撒冷公共事务中心	以色列

续表

排名	英文名称	中文译文	国家
41	Reut Institute (Israel)	乌特研究所	以色列
42	Institute for Future Studies (Egypt)	未来研究所	埃及
43	Institut Francais des Recherches sur l'Iran (Iran)	法国伊朗研究所	伊朗
44	Kuwait Institute for Scientific Research (KISR) (Kuwait)	科威特科学研究所	科威特
45	Sheba Center for Strategic Studies (Yemen)	萨巴战略研究中心	也门
46	Sheikh Saud Bin Saqr Al Qasimi Foundation for Policy Research (United Arab Emirates)	谢赫政策研究基金会	阿联酋
47	Sadeq Institute (Libya)	萨迪克研究所	利比亚
48	Al-Quds Center for Political Studies (Jordan)	圣城政治研究中心	约旦
49	Mitvim (The Israeli Institute for Regional Foreign Policies) (Israel)	以色列地区外交政策研究所	以色列
50	International Strategic Research Organization (Turkey)	安卡拉智库国际战略研究组织	土耳其

2014 年中东地区最佳智库榜单

排名	英文名称	中文译文	国家
1	Carnegie Middle East Center (Lebanon)	卡耐基中东中心	黎巴嫩
2	Al-Ahram Center for Political and Strategic Studies (ACPSS) (Egypt)	金字塔政治和战略研究中心	埃及
3	Brookings Doha Center (Qatar)	布鲁金斯学会多哈中心	卡塔尔
4	Center for Economics and Foreign Policy Studies (EDAM) (Turkey)	经济和外交政策研究中心	土耳其

续表

排名	英文名称	中文译文	国家
5	Institute for National Security Studies (INSS) (Israel)	国家安全研究所	以色列
6	Al Jazeera Centre for Studies (AJCS) (Qatar)	半岛研究中心	卡塔尔
7	Turkish Economic and Social Studies Foundation (TESEV) (Turkey)	土耳其经济和社会研究基金会	土耳其
8	Gulf Research Center (GRC) (Saudi Arabia)	海湾研究中心	沙特阿拉伯
9	Begin-Sadat Center for Strategic Studies (Israel)	贝京－萨达特战略研究中心	以色列
10	Center for Strategic Studies (CSS) (Jordan)	约旦大学战略研究中心	约旦
11	Association for Liberal Thinking (ALT) (Turkey)	自由思想联盟	土耳其
12	Centre d' Etudes et de Recherches en Sciences Sociales (CERSS) (Morocco)	社会科学研究中心	摩洛哥
13	Egyptian Center for Economic Studies (ECES) (Egypt)	埃及经济研究中心	埃及
14	Regional Center for Strategic Studies (RCSS) (Egypt)	地区战略研究中心	埃及
15	RAND-Qatar Policy Institute (Qatar)	兰德－卡塔尔政策研究所	卡塔尔
16	Harry S. Truman Research Institute for the Advancement of Peace (Israel)	哈利·斯·杜鲁门和平进步研究所	以色列
17	Information and Decision Support Center (IDSC) (Egypt)	信息与决策支持中心	埃及
18	European Stability Initiative (ESI) (Turkey)	欧洲稳定倡议	土耳其

续表

排名	英文名称	中文译文	国家
19	Center of Arab Women for Training and Research（CAWTAR）（Egypt）	阿拉伯妇女培训和研究中心	埃及
20	Economic Research Forum（ERF）（Egypt）	经济研究论坛	埃及
21	Emirates Center for Strategic Studies and Research（ECSSR）（United Arab Emirates）	阿联酋战略研究中心	阿联酋
22	Center for Arab Unity Studies（CAUS）（Lebanon）	阿拉伯统一研究中心	黎巴嫩
23	Israel Democracy Institute（IDI）（Israel）	以色列民主协会	以色列
24	Amadeus Institute（Morocco）	阿玛迪斯研究院	摩洛哥
25	Contemporary Center for Studies and Policy Analysis（Medad）（Palestine）	当代研究和政策分析中心	巴勒斯坦
26	Egyptian Council for Foreign Affairs（ECFA）（Egypt）	埃及外交事务委员会	埃及
27	Arab Thought Forum（ATF）（Jordan）	阿拉伯思想论坛	约旦
28	Al-Quds Center for Political Studies（Jordan）	圣城政治研究中心	约旦
29	International Institute for Counter-Terrorism（ICT）（Israel）	国际反恐研究所	以色列
30	Mitvim-The Israeli Institute for Regional Foreign Policies（Israel）	以色列地区外交政策研究所	以色列
31	International Strategic Research Organization（USAK）（Turkey）	安卡拉智库国际战略研究组织	土耳其
32	Arab Planning Institute（API）（Kuwait）	阿拉伯规划研究所	科威特
33	Moshe Dayan Center for Middle Eastern and African Studies（Israel）	摩西・达扬中东及非洲研究中心	以色列

续表

排名	英文名称	中文译文	国家
34	Tunisian Institute for Strategic Studies (ITES) (Tunisia)	突尼斯战略研究所	突尼斯
35	Economic Policy and Research Center (EPRC) (United Arab Emirates)	经济政策与研究中心	阿联酋
36	Israel Center for Social and Economic Progress (ICSEP) (Israel)	以色列社会与经济进步中心	以色列
37	Ibn Khaldun Center for Development Studies (ICDS) (Egypt)	伊本·卡尔顿发展研究中心	埃及
38	Maurice Falk Institute for Economic Research (Israel)	毛瑞斯·法尔克经济研究所	以色列
39	Center of Strategic and Future Studies (CSFS) (Kuwait)	战略与未来研究中心	科威特
40	Van Leer Jerusalem Institute (VLJI) (Israel)	凡·莱尔耶路撒冷研究所	以色列
41	Kuwait Institute for Scientific Research (KISR) (Kuwait)	科威特科学研究所	科威特
42	Jerusalem Center for Public Affairs (JCPA) (Israel)	耶路撒冷公共事务中心	以色列
43	Royal Institute for Strategic Studies (IRES) (Morocco)	皇家战略研究院	摩洛哥
44	OCP Policy Center (Morocco)	OCP 政策中心	摩洛哥
45	Reut Institute (Israel)	乌特研究所	以色列
46	Future Studies Center (Egypt)	未来研究所	埃及
47	Institut Francais de Recherche en Iran (IFRI) (Iran)	伊朗法国研究所	伊朗
48	Lebanese Center for Policy Studies (LCPS) (Lebanon)	黎巴嫩政策研究中心	黎巴嫩
49	Sheba Center for Strategic Studies (SCSS) (Yemen)	萨巴战略研究中心	也门

续表

排名	英文名称	中文译文	国家
50	Sheikh Saud bin Saqr Al Qasimi Foundation for Policy Research (United Arab Emirates)	谢赫政策研究基金会	阿联酋
51	Sadeq Institute (Libya)	萨迪克研究所	利比亚
52	Tunisian Observatory for a Democratic Transition (Tunisia)	突尼斯民主转型观测站	突尼斯
53	Issam Fares Institute for Public Policy and International Affairs (IFI) (Lebanon)	伊赛姆·法尔斯公共政策和国际事务学会	黎巴嫩
54	Tawasul (Oman)	塔瓦苏勒研究所	阿曼
55	Arab Forum for Alternatives (AFA) (Egypt)	阿拉伯非传统论坛	埃及

2015 年中东地区最佳智库榜单

排名	英文名称	中文译文	国家
1	Carnegie Middle East Center (Lebanon)	卡耐基中东中心	黎巴嫩
2	Al-Ahram Center for Political and Strategic Studies (ACPSS) (Egypt)	金字塔政治和战略研究中心	埃及
3	Brookings Doha Center (Qatar)	布鲁金斯学会多哈中心	卡塔尔
4	Institute for National Security Studies (INSS) (Israel)	国家安全研究所	以色列
5	Al Jazeera Centre for Studies (AJCS) (Qatar)	半岛研究中心	卡塔尔
6	Center for Strategic Studies (CSS) (Jordan)	约旦大学战略研究中心	约旦

续表

排名	英文名称	中文译文	国家
7	Turkish Economic and Social Studies Foundation（TESEV）（Turkey）	土耳其经济和社会研究基金会	土耳其
8	Begin – Sadat Center for Strategic Studies（Israel）	贝京－萨达特战略研究中心	以色列
9	Center for Economics and Foreign Policy Studies（EDAM）（Turkey）	经济和外交政策研究中心	土耳其
10	Association for Liberal Thinking（ALT）（Turkey）	自由思想联盟	土耳其
11	Centre d' Etudes et de Recherches en Sciences Sociales（CERSS）（Morocco）	社会科学研究中心	摩洛哥
12	Egyptian Center for Economic Studies（ECES）（Egypt）	埃及经济研究中心	埃及
13	Regional Center for Strategic Studies（RCSS）（Egypt）	地区战略研究中心	埃及
14	Israel Democracy Institute（IDI）（Israel）	以色列民主协会	以色列
15	Emirates Center for Strategic Studies and Research（ECSSR）（United Arab Emirates）	阿联酋战略研究中心	阿联酋
16	OCP Policy Center（Morocco）	OCP 政策中心	摩洛哥
17	Harry S. Truman Research Institute for the Advancement of Peace（Israel）	哈利·斯·杜鲁门和平进步研究所	以色列
18	Information and Decision Support Center（IDSC）（Egypt）	信息与决策支持中心	埃及
19	European Stability Initiative（ESI）（Turkey）	欧洲稳定倡议	土耳其
20	Center of Arab Women for Training and Research（CAWTAR）（Egypt）	阿拉伯妇女培训和研究中心	埃及

续表

排名	英文名称	中文译文	国家
21	Royal Institute for Strategic Studies (IRES) (Morocco	皇家战略研究院	摩洛哥
22	Moshe Dayan Center for Middle Eastern and African Studies (Israel)	摩西·达扬中东及非洲研究中心	以色列
23	Gulf Research Center (GRC) (Saudi Arabia)	海湾研究中心	沙特阿拉伯
24	2Reut Institute (Israel)	乌特研究所	以色列
25	Tunisian Institute for Strategic Studies (ITES) (Tunisia)	突尼斯战略研究所	突尼斯
26	Economic Research Forum (ERF) (E-gypt)	经济研究论坛	埃及
27	Center for Arab Unity Studies (CAUS) (Lebanon)	阿拉伯统一研究中心	黎巴嫩
28	Contemporary Center for Studies and Policy Analysis (Medad) (Palestine)	当代研究和政策分析中心	巴勒斯坦
29	Egyptian Council for Foreign Affairs (ECFA) (Egypt)	埃及外交事务委员会	埃及
30	Arab Center for Research and Policy Studies (Qatar)	阿拉伯政策研究中心	卡塔尔
31	Arab Thought Forum (ATF) (Jordan)	阿拉伯思想论坛	约旦
32	Al-Quds Center for Political Studies (Jordan)	圣城政治研究中心	约旦
33	International Institute for Counter – Terrorism (ICT) (Israel)	国际反恐研究所	以色列
34	Mitvim – The Israeli Institute for Regional Foreign Policies (Israel)	以色列地区外交政策研究所	以色列
35	Arab Planning Institute (API) (Kuwait)	阿拉伯规划研究所	科威特

续表

排名	英文名称	中文译文	国家
36	Amadeus Institute (Morocco)	阿玛迪斯研究院	摩洛哥
37	International Strategic Research Organization (USAK) (Turkey)	安卡拉智库国际战略研究组织	土耳其
38	Economic Policy and Research Center (EPRC) (United Arab Emirates)	经济政策与研究中心	阿联酋
39	Israel Center for Social and Economic Progress (ICSEP) (Israel)	以色列社会与经济进步中心	以色列
40	Ibn Khaldun Center for Development Studies (ICDS) (Egypt)	伊本·卡尔顿发展研究中心	埃及
41	Maurice Falk Institute for Economic Research (Israel)	毛瑞斯·法尔克经济研究所	以色列
42	Sadeq Institute (Libya)	萨迪克研究所	利比亚
43	Center of Strategic and Futuristic Studies (CSFS) (Kuwait)	战略与未来研究中心	科威特
44	Lebanese Center for Policy Studies (LCPS) (Lebanon)	黎巴嫩政策研究中心	黎巴嫩
45	Van Leer Jerusalem Institute (VLJI) (Israel)	凡·莱尔耶路撒冷研究所	以色列
46	Kuwait Institute for Scientific Research (KISR) (Kuwait)	科威特科学研究所	科威特
47	Jerusalem Center for Public Affairs (JCPA) (Israel)	耶路撒冷公共事务中心	以色列
48	Future Studies Center (Egypt)	未来研究所	埃及
49	Sheikh Saud bin Saqr Al Qasimi Foundation for Policy Research (United Arab Emirates)	谢赫政策研究基金会	阿联酋
50	Institut Francais de Recherche en Iran (IFRI) (Iran)	伊朗法国研究所	伊朗

续表

排名	英文名称	中文译文	国家
51	Sheba Center for Strategic Studies (SCSS) (Yemen)	萨巴战略研究中心	也门
52	Tunisian Observatory for a Democratic Transition (Tunisia)	突尼斯民主转型观测站	突尼斯
53	Issam Fares Institute for Public Policy and International Affairs (IFI) (Lebanon)	伊赛姆·法尔斯公共政策和国际事务学会	黎巴嫩
54	Tawasul (Oman)	塔瓦苏勒研究所	阿曼
55	Arab Forum for Alternatives (AFA) (Egypt)	阿拉伯非传统论坛	埃及
56	Al Rai Center for Studies (Jordan)	《舆论报》研究中心	约旦
57	Al-Zaytouna Centre for Studies and Consultation (Palestine)	扎伊图纳研究与咨询中心	巴勒斯坦
58	Middle East Research Institute (Iraq)	中东研究所	伊拉克
59	Arab Institute For Security Studies (Jordan)	阿拉伯安全研究所	约旦
60	Center for Turkey's Economic and Strategic Studies (Turkey)	土耳其经济与战略研究中心	土耳其
61	Economic Policy Research Foundation of Turkey (Turkey)	土耳其经济政策研究基金会	土耳其
62	Egyptian Center for Public Policy Studies (Egypt)	埃及公共政策研究中心	埃及
63	Group of Studies and Research in the Mediterranean (Morocco)	地中海研究小组	摩洛哥
64	Hammurabi Center for Research & Strategic Studies (Iraq)	汉姆拉比研究与战略中心	伊拉克
65	Institute for Political and International Studies (Iran)	政治与国际问题研究院	伊朗

续表

排名	英文名称	中文译文	国家
66	International Mediterranean Studies Centre (Tunisia)	国际地中海研究中心	突尼斯
67	Istanbul Policy Center (Turkey)	伊斯坦布尔政策中心	土耳其
68	Jerusalem Institute for Market Studies (Israel)	耶路撒冷市场研究所	以色列
69	Future Center for Advanced Researches and Studies (United Arab Emirates)	未来高级研究中心	阿联酋
70	Kheireddine Institute (Tunisia)	海德雷丁研究所	突尼斯
71	King Abdullah Petroleum Studies and Research Centre (Saudi Arabia)	阿卜杜拉国王石油研究中心	沙特阿拉伯
72	Lamp of Liberty (Iraq)	自由之灯	伊拉克
73	Palestinian Centre for Policy and Survey Research (Palestine)	巴勒斯坦政策和调查研究中心	巴勒斯坦
74	Palestinian Center for Policy Research & Strategic Studies (Palestine)	巴勒斯坦政策和战略研究中心	巴勒斯坦

2016 年中东地区最佳智库榜单

排名	英文名称	中文译文	国家
1	Center for Strategic Studies (CSS) (Jordan)	约旦大学战略研究中心	约旦
2	Al-Ahram Center for Political and Strategic Studies (ACPSS) (Egypt)	金字塔政治和战略研究中心	埃及
3	Institute for National Security Studies (INSS) (Israel)	国家安全研究所	以色列
4	Carnegie Middle East Center (Lebanon)	卡耐基中东中心	黎巴嫩
5	Al Jazeera Centre for Studies (AJCS) (Qatar)	半岛研究中心	卡塔尔

续表

排名	英文名称	中文译文	国家
6	Brookings Doha Center（Qatar）	布鲁金斯学会多哈中心	卡塔尔
7	Turkish Economic and Social Studies Foundation（TESEV）（Turkey）	土耳其经济和社会研究基金会	土耳其
8	Begin – Sadat Center for Strategic Studies（Israel）	贝京 – 萨达特战略研究中心	以色列
9	Center for Economics and Foreign Policy Studies（EDAM）（Turkey）	经济和外交政策研究中心	土耳其
10	Association for Liberal Thinking（ALT）（Turkey）	自由思想联盟	土耳其
11	Centre d' Etudes et de Recherches en Sciences Sociales（CERSS）（Morocco）	社会科学研究中心	摩洛哥
12	Egyptian Center for Economic Studies（ECES）（Egypt）	埃及经济研究中心	埃及
13	OCP Policy Center（Morocco）	OCP 政策中心	摩洛哥
14	Israel Democracy Institute（IDI）（Israel）	以色列民主协会	以色列
15	Emirates Center for Strategic Studies and Research（ECSSR）（United Arab Emirates）	阿联酋战略研究中心	阿联酋
16	Regional Center for Strategic Studies（RCSS）（Egypt）	地区战略研究中心	埃及
17	Harry S. Truman Research Institute for the Advancement of Peace（Israel）	哈利・斯・杜鲁门和平进步研究所	以色列
18	Information and Decision Support Center（IDSC）（Egypt）	信息与决策支持中心	埃及
19	European Stability Initiative（ESI）（Turkey）	欧洲稳定倡议	土耳其

续表

排名	英文名称	中文译文	国家
20	Center of Arab Women for Training and Research (CAWTAR) (Egypt)	阿拉伯妇女培训和研究中心	埃及
21	Royal Institute for Strategic Studies (IRES) (Morocco)	皇家战略研究院	摩洛哥
22	Moshe Dayan Center for Middle Eastern and African Studies (Israel)	摩西·达扬中东及非洲研究中心	以色列
23	Gulf Research Center (GRC) (Saudi Arabia)	海湾研究中心	沙特阿拉伯
24	Reut Institute (Israel)	乌特研究所	以色列
25	Tunisian Institute for Strategic Studies (ITES) (Tunisia)	突尼斯战略研究所	突尼斯
26	Arab Center for Research and Policy Studies (Qatar)	阿拉伯研究和政策中心	卡塔尔
27	Center for Arab Unity Studies (CAUS) (Lebanon)	阿拉伯统一研究中心	黎巴嫩
28	Contemporary Center for Studies and Policy Analysis (Medad) (Palestine)	当代研究和政策分析中心	巴勒斯坦
29	Egyptian Council for Foreign Affairs (ECFA) (Egypt)	埃及外交事务委员会	埃及
30	Economic Research Forum (ERF) (E-gypt)	经济研究论坛	埃及
31	Arab Thought Forum (ATF) (Jordan)	阿拉伯思想论坛	约旦
32	Al-Quds Center for Political Studies (Jordan)	圣城政治研究中心	约旦
33	International Institute for Counter - Ter-rorism (ICT) (Israel)	国际反恐研究所	以色列
34	Mitvim-The Israeli Institute for Regional Foreign Policies (Israel)	以色列地区外交政策研究所	以色列
35	Sadeq Institute (Libya)	萨迪克研究所	利比亚

续表

排名	英文名称	中文译文	国家
36	Israel Center for Social and Economic Progress（ICSEP）（Israel）	以色列社会与经济进步中心	以色列
37	International Strategic Research Organization（USAK）（Turkey）	安卡拉智库国际战略研究组织	土耳其
38	Arab Planning Institute（API）（Kuwait）	阿拉伯规划研究所	科威特
39	Economic Policy and Research Center（EPRC）（United Arab Emirates）	经济政策与研究中心	阿联酋
40	Amadeus Institute（Morocco）	阿玛迪斯研究院	摩洛哥
41	Maurice Falk Institute for Economic Research（Israel）	毛瑞斯·法尔克经济研究所	以色列
42	Ibn Khaldun Center for Development Studies（ICDS）（Egypt）	伊本·卡尔顿发展研究中心	埃及
43	Center of Strategic and Futuristic Studies（CSFS）（Kuwait）	战略与未来研究中心	科威特
44	Lebanese Center for Policy Studies（LCPS）（Lebanon）	黎巴嫩政策研究中心	黎巴嫩
45	Van Leer Jerusalem Institute（VLJI）（Israel）	凡·莱尔耶路撒冷研究所	以色列
46	Middle East Research Institute（Iraq）	中东研究所	伊拉克
47	Kuwait Institute for Scientific Research（KISR）（Kuwait）	科威特科学研究所	科威特
48	Jerusalem Center for Public Affairs（JCPA）（Israel）	耶路撒冷公共事务中心	以色列
49	Future Studies Center（Egypt）	未来研究所	埃及
50	Sheikh Saud bin Saqr Al Qasimi Foundation for Policy Research（United Arab Emirates）	谢赫政策研究基金会	阿联酋

续表

排名	英文名称	中文译文	国家
51	Institut Francais de Recherche en Iran (IFRI) (Iran)	伊朗法国研究所	伊朗
52	Sheba Center for Strategic Studies (SCSS) (Yemen)	萨巴战略研究中心	也门
53	Tunisian Observatory for a Democratic Transition (Tunisia)	突尼斯民主转型观测站	突尼斯
54	Issam Fares Institute for Public Policy and International Affairs (IFI) (Lebanon)	伊赛姆·法尔斯公共政策和国际事务学会	黎巴嫩
55	Tawasul (Oman)	塔瓦苏勒研究所	阿曼
56	Arab Forum for Alternatives (AFA) (Egypt)	阿拉伯非传统论坛	埃及
57	Al Rai Center for Studies (Jordan)	《舆论报》研究中心	约旦
58	Al-Zaytouna Centre for Studies and Consultation (Palestine)	扎伊图纳研究与咨询中心	巴勒斯坦
59	Arab Institute For Security Studies (Jordan)	阿拉伯安全研究所	约旦
60	Center for Turkey's Economic and Strategic Studies (Turkey)	土耳其经济与战略研究中心	土耳其
61	Economic Policy Research Foundation of Turkey (Turkey)	土耳其经济政策研究基金会	土耳其
62	Egyptian Center for Public Policy Studies (Egypt)	埃及公共政策研究中心	埃及
63	Group of Studies and Research in the Mediterranean (Morocco)	地中海研究小组	摩洛哥
64	Hammurabi Center for Research & Strategic Studies (Iraq)	汉姆拉比研究与战略中心	伊拉克
65	Institute for Political and International Studies (Iran)	政治与国际研究所	伊朗

续表

排名	英文名称	中文译文	国家
66	International Mediterranean Studies Centre (Tunisia)	国际地中海研究中心	突尼斯
67	Istanbul Policy Center (Turkey)	伊斯坦布尔政策中心	土耳其
68	Jerusalem Institute for Market Studies (Israel)	耶路撒冷市场研究所	以色列
69	Future Center for Advanced Researches and Studies (United Arab Emirates)	未来高级研究中心	阿联酋
70	Kheireddine Institute (Tunisia)	海德雷丁研究所	突尼斯
71	King Abdullah Petroleum Studies and Research Centre (Saudi Arabia)	阿卜杜拉国王石油研究中心	沙特阿拉伯
72	Lamp of Liberty (Iraq)	自由之灯	伊拉克
73	Palestinian Centre for Policy and Survey Research (Palestine)	巴勒斯坦政策和调查研究中心	巴勒斯坦
74	Pal Think for Strategic Studies (Palestine)	Pal 思想战略研究	巴勒斯坦
75	Lebanese Institute for Market Studies (Lebanon)	黎巴嫩市场研究所	黎巴嫩

2017 年中东地区最佳智库榜单

排名	英文名称	中文译文	国家
1	Center for Strategic Studies (CSS) (Jordan)	约旦大学战略研究中心	约旦
2	Institute for National Security Studies (INSS) (Israel)	国家安全研究所	以色列
3	Carnegie Middle East Center (Lebanon)	卡耐基中东中心	黎巴嫩
4	Al-Ahram Center for Political and Strategic Studies (ACPSS) (Egypt)	金字塔政治和战略研究中心	埃及

续表

排名	英文名称	中文译文	国家
5	Al Jazeera Centre for Studies (AJCS) (Qatar)	半岛研究中心	卡塔尔
6	Brookings Doha Center (Qatar)	布鲁金斯学会多哈中心	卡塔尔
7	Begin-Sadat Center for Strategic Studies (Israel)	贝京－萨达特战略研究中心	以色列
8	Turkish Economic and Social Studies Foundation (TESEV) (Turkey)	土耳其经济和社会研究基金会	土耳其
9	OCP Policy Center (Morocco)	OCP 政策中心	摩洛哥
10	Arabian Gulf Center for Iranian Studies (Saudi Arabia)	阿拉伯海湾伊朗研究中心	沙特阿拉伯
11	Emirates Policy Center (United Arab Emirates)	阿联酋政策中心	阿联酋
12	Egyptian Center for Economic Studies (ECES) (Egypt)	埃及经济研究中心	埃及
13	Centre d'Etudes et de Recherches en Sciences Sociales (CERSS) (Morocco)	社会科学研究中心	摩洛哥
14	Israel Democracy Institute (IDI) (Israel)	以色列民主协会	以色列
15	Association for Liberal Thinking (ALT) (Turkey)	自由思想联盟	土耳其
16	Dubai Economic Council (United Arab Emirates)	迪拜经济委员会	阿联酋
17	Dubai Public Policy Research Center (United Arab Emirates)	迪拜公共政策研究中心	阿联酋
18	Center for Economics and Foreign Policy Studies (EDAM) (Turkey)	经济和外交政策研究中心	土耳其
19	Emirates Center for Strategic Studies and Research (ECSSR)	阿联酋战略研究中心	阿联酋

续表

排名	英文名称	中文译文	国家
20	Harry S. Truman Research Institute for the Advancement of Peace (Israel)	哈利·斯·杜鲁门和平进步研究所	以色列
21	Information and Decision Support Center (IDSC) (Egypt)	信息与决策支持中心	埃及
22	European Stability Initiative (ESI) (Turkey)	欧洲稳定倡议	土耳其
23	Center of Arab Women for Training and Research (CAWTAR) (Egypt)	阿拉伯妇女培训和研究中心	埃及
24	Royal Institute for Strategic Studies (IRES) (Morocco)	皇家战略研究院	摩洛哥
25	Moshe Dayan Center for Middle Eastern and African Studies (Israel)	摩西·达扬中东及非洲研究中心	以色列
26	Economic Research Forum (ERF) (E-gypt)	经济研究论坛	埃及
27	Reut Institute (Israel)	乌特研究所	以色列
28	Egyptian Council for Foreign Affairs (ECFA) (Egypt)	埃及外交事务委员会	埃及
29	Tunisian Institute for Strategic Studies (ITES) (Tunisia)	突尼斯战略研究所	突尼斯
30	Arab Center for Research and Policy Studies (Qatar)	阿拉伯研究和政策中心	卡塔尔
31	CARE (Algeria)	凯尔	阿尔及利亚
32	Center for Arab Unity Studies (CAUS) (Lebanon)	阿拉伯统一研究中心	黎巴嫩
33	King Faisal Center for Research and Is-lamic Studies (Saudi Arabia)	费萨尔国王伊斯兰研究中心	沙特阿拉伯
34	Contemporary Center for Studies and Policy Analysis (Medad) (Palestine)	当代研究和政策分析中心	巴勒斯坦

续表

排名	英文名称	中文译文	国家
35	Al – Quds Center for Political Studies (Jordan)	圣城政治研究中心	约旦
36	Sadeq Institute (Libya)	萨迪克研究所	利比亚
37	Gulf Research Center (GRC) (Saudi Arabia)	海湾研究中心	沙特阿拉伯
38	Arab Thought Forum (ATF) (Jordan)	阿拉伯思想论坛	约旦
39	Mitvim – The Israeli Institute for Regional Foreign Policies (Israel)	以色列地区外交政策研究所	以色列
40	International Institute for Counter – Terrorism (ICT) (Israel)	国际反恐研究所	以色列
41	Israel Center for Social and Economic Progress (ICSEP) (Israel)	以色列社会与经济进步中心	以色列
42	International Strategic Research Organization (USAK) (Turkey)	安卡拉智库国际战略研究组织	土耳其
43	Arab Planning Institute (API) (Kuwait)	阿拉伯规划研究所	科威特
44	Economic Policy and Research Center (EPRC) (United Arab Emirates)	经济政策与研究中心	阿联酋
45	Moroccan Institute for International Relations (Morocco)	摩洛哥国际关系研究所	摩洛哥
46	Amadeus Institute (Morocco)	阿玛迪斯研究院	摩洛哥
47	Taub Center for Social Policy Studies (Israel)	陶伯社会政策研究中心	以色列
48	King Abdullah Petroleum Studies and Research Centre (Saudi Arabia)	阿卜杜拉国王石油研究中心	沙特阿拉伯
49	Arab Reform Initiative (France)	阿拉伯改革倡议	法国
50	Ibn Khaldun Center for Development Studies (ICDS) (Egypt)	伊本·卡尔顿发展研究中心	埃及
51	Arava Institute (Israel)	阿拉瓦研究所	以色列

续表

排名	英文名称	中文译文	国家
52	Center of Strategic and Futuristic Studies（CSFS）（Kuwait）	战略与未来研究中心	科威特
53	Lebanese Center for Policy Studies（LCPS）（Lebanon）	黎巴嫩政策研究中心	黎巴嫩
54	Van Leer Jerusalem Institute（VLJI）（Israel）	凡·莱尔耶路撒冷研究所	以色列
55	Maurice Falk Institute for Economic Research（Israel）	毛瑞斯·法尔克经济研究所	以色列
56	Centre de Recherche en economie Appliquee pour le Development（Algeria）	经济发展研究中心	阿尔及利亚
57	Middle East Research Institute（Iraq）	中东研究所	伊拉克
58	Kuwait Institute for Scientific Research（KISR）（Kuwait）	科威特科学研究所	科威特
59	Jerusalem Center for Public Affairs（JCPA）（Israel）	耶路撒冷公共事务中心	以色列
60	Egyptian Center for Public Policy Studies（Egypt）	埃及公共政策研究中心	埃及
61	Al-Zaytouna Centre for Studies and Consultations（Lebanon）①	扎伊图纳研究与咨询中心	黎巴嫩
62	Sheikh Saud bin Saqr Al Qasimi Foundation for Policy Research（United Arab Emirates）	谢赫政策研究基金会	阿联酋
63	Institut Francais de Recherche en Iran（IFRI）（Iran）	伊朗法国研究所	伊朗
64	Sheba Center for Strategic Studies（SCSS）（Yemen）	萨巴战略研究中心	也门

① 在 2016 年榜单中，Al－Zaytouna Centre for Studies and Consultations（扎伊图纳研究与咨询中心）标注国家为巴勒斯坦，2017 年榜单中国家则为黎巴嫩——笔者注。

续表

排名	英文名称	中文译文	国家
65	Tunisian Observatory for a Democratic Transition (Tunisia)	突尼斯民主转型观测站	突尼斯
66	Libyan Organization of Policies and Strategies (Loops) (Libya)	利比亚政策与战略组织	利比亚
67	Issam Fares Institute for Public Policy and International Affairs (IFI) (Lebanon)	伊赛姆·法尔斯公共政策和国际事务学会	黎巴嫩
68	Tawasul (Oman)	塔瓦苏勒研究所	阿曼
69	Arab Forum for Alternatives (AFA) (Egypt)	阿拉伯非传统论坛	埃及
70	Al Rai Center for Studies (Jordan)	《舆论报》研究中心	约旦
71	Arab Institute For Security Studies (Jordan)	阿拉伯安全研究所	约旦
72	Palestinian Center for Peace and Democracy (Palestine)	巴勒斯坦和平民主中心	巴勒斯坦
73	Jerusalem Institute for Policy Research (Israel)	耶路撒冷政策研究所	以色列
74	Center for Turkey's Economic and Strategic Studies (Turkey)	土耳其经济与战略研究中心	土耳其
75	Centre for Mediterranean and International Studies (Tunisia)	地中海及国际研究中心	突尼斯
76	Economic Policy Research Foundation of Turkey (Turkey)	土耳其经济政策研究基金会	土耳其
77	Future Center for Advanced Researches and Studies (United Arab Emirates)	未来高级研究中心	阿联酋
78	Group of Studies and Research in the Mediterranean (Morocco)	地中海研究小组	摩洛哥
79	Hammurabi Center for Research & Strategic Studies (Iraq)	汉姆拉比研究与战略中心	伊拉克

续表

排名	英文名称	中文译文	国家
80	Royal Institute for Inter - Faith Studies (Jordan)	皇家宗教研究所	约旦
81	Avinoam Bar - JPPPI (Israel)	阿维诺姆·巴犹太人政策研究院	以色列
82	Institute for Political and International Studies (Iran)	政治与国际研究所	伊朗
83	Jerusalem Institute for Strategic Studies (Israel)	耶路撒冷战略研究院	以色列
84	International Mediterranean Studies Centre (Tunisia)	国际地中海研究中心	突尼斯
85	Istanbul Policy Center (Turkey)	伊斯坦布尔政策中心	土耳其
86	Jerusalem Institute for Market Studies (Israel)	耶路撒冷市场研究所	以色列
87	Kheireddine Institute (Tunisia)	海德雷丁研究所	突尼斯
88	Palestinian Centre for Policy and Survey Research (Palestine)	巴勒斯坦政策和调查研究中心	巴勒斯坦
89	PalThink for Strategic Studies (Palestine)	Pal 思想战略研究	巴勒斯坦
90	Rafik Hariri Center for the Middle East (United States/Lebanon)	拉菲克·哈里里中东中心	美国/黎巴嫩

2018 年中东地区最佳智库榜单

排名	英文名称	中文译文	国家
1	Center for Strategic Studies (CSS) (Jordan)	约旦大学战略研究中心	约旦
2	Institute for National Security Studies (INSS) (Israel)	国家安全研究所	以色列

续表

排名	英文名称	中文译文	国家
3	Carnegie Middle East Center (Lebanon)	卡耐基中东中心	黎巴嫩
4	Al-Ahram Center for Political and Strategic Studies (ACPSS) (Egypt)	金字塔政治和战略研究中心	埃及
5	Al Jazeera Centre for Studies (AJCS) (Qatar)	半岛研究中心	卡塔尔
6	Brookings Doha Center (Qatar)	布鲁金斯学会多哈中心	卡塔尔
7	Emirates Policy Center (United Arab Emirates)	阿联酋政策中心	阿联酋
8	OCP Policy Center (Morocco)	OCP 政策中心	摩洛哥
9	International Institute forIranian Studies, FKA Arabian Gulf Center (Saudi Arabia)	阿拉伯海湾中心·伊朗国际研究院	沙特阿拉伯
10	Israel Democracy Institute (IDI) (Israel)	以色列民主协会	以色列
11	Turkish Economic and Social Studies Foundation (TESEV) (Turkey)	土耳其经济和社会研究基金会	土耳其
12	Dubai Economic Council (United Arab Emirates)	迪拜经济委员会	阿联酋
13	Centre d'Etudes et de Recherches en Sciences Sociales (CERSS) (Morocco)	社会科学研究中心	摩洛哥
14	Begin-Sadat Center for Strategic Studies (Israel)	贝京–萨达特战略研究中心	以色列
15	Association for Liberal Thinking (ALT) (Turkey)	自由思想联盟	土耳其
16	Egyptian Center for Economic Studies (ECES) (Egypt)	埃及经济研究中心	埃及

续表

排名	英文名称	中文译文	国家
17	Center for Economics and Foreign Policy Studies (EDAM) (Turkey)	经济和外交政策研究中心	土耳其
18	Emirates Center for Strategic Studies and Research (ECSSR)	阿联酋战略研究中心	阿联酋
19	Harry S. Truman Research Institute for the Advancement of Peace (Israel)	哈利·斯·杜鲁门和平进步研究所	以色列
20	Information and Decision Support Center (IDSC) (Egypt)	信息与决策支持中心	埃及
21	Center of Arab Women for Training and Research (CAWTAR) (Egypt)	阿拉伯妇女培训和研究中心	埃及
22	European Stability Initiative (ESI) (Turkey)	欧洲稳定倡议	土耳其
23	Royal Institute for Strategic Studies (IRES) (Morocco)	皇家战略研究院	摩洛哥
24	Moshe Dayan Center for Middle Eastern and African Studies (Israel)	摩西·达扬中东及非洲研究中心	以色列
25	Libyan Organization of Policies and Strategies (Loops) (Libya)	利比亚政策与战略组织	利比亚
26	Economic Research Forum (ERF) (Egypt)	经济研究论坛	埃及
27	Reut Institute (Israel)	乌特研究所	以色列
28	Egyptian Council for Foreign Affairs (ECFA) (Egypt)	埃及外交事务委员会	埃及
29	King Abdullah Petroleum Studies and Research Centre (Saudi Arabia)	阿卜杜拉国王石油研究中心	沙特阿拉伯
30	Tunisian Institute for Strategic Studies (ITES) (Tunisia)	突尼斯战略研究所	突尼斯
31	Emirates Diplomatic Academy (United Arab Emirates)	阿联酋外交协会	阿联酋

续表

排名	英文名称	中文译文	国家
32	Arab Center for Research and Policy Studies (Qatar)	阿拉伯研究和政策中心	卡塔尔
33	Cercle d'Action et de Reflexion Autour de l'Enterprise (CARE) (Algeria)	企业行动和应对中心	阿尔及利亚
34	Moroccan Institute for International Relations (Morocco)	摩洛哥国际关系研究所	摩洛哥
35	Middle East Research Institute (Iraq)	中东研究所	伊拉克
36	Center for Arab Unity Studies (CAUS) (Lebanon)	阿拉伯统一研究中心	黎巴嫩
37	King Faisal Center for Research and Islamic Studies (Saudi Arabia)	费萨尔国王伊斯兰研究中心	沙特阿拉伯
38	Mitvim-The Israeli Institute for Regional Foreign Policies (Israel)	以色列地区外交政策研究所	以色列
39	Al – Quds Center for Political Studies (Jordan)	圣城政治研究中心	约旦
40	Sadeq Institute (Libya)	萨迪克研究所	利比亚
41	Arab Thought Forum (ATF) (Jordan)	阿拉伯思想论坛	约旦
42	Bahrain Center fro Strategic, International and Energy Studies (Bahrain)	巴林战略、国际问题和能源研究中心	巴林
43	International Institute for Counter – Terrorism (ICT) (Israel)	国际反恐研究所	以色列
44	Contemporary Center for Studies and Policy Analysis (Medad) (Palstine)	当代政策研究和分析中心	巴勒斯坦
45	Gulf Research Center (GRC) (Saudi Arabia)	海湾研究中心	沙特阿拉伯
46	Israel Center for Social and Economic Progress (ICSEP) (Israel)	以色列社会与经济进步中心	以色列

续表

排名	英文名称	中文译文	国家
47	Al Urdun Al Jadid Research Center (UJRC) (Turkey)	乌尔敦·塞卜哈研究中心	土耳其
48	International Strategic Research Organization (USAK) (Turkey)	安卡拉智库国际战略研究组织	土耳其
49	Arab Planning Institute (API) (Kuwait)	阿拉伯规划研究所	科威特
50	Amadeus Institute (Morocco)	阿玛迪斯研究院	摩洛哥
51	Taub Center for Social Policy Studies (Israel)	陶伯社会政策研究中心	以色列
52	Bahrain Center for Human Rights (Bahrain)	巴林人权中心	巴林
53	Arab Reform Initiative (France)	阿拉伯改革倡议	法国
54	Ibn Khaldun Center for Development Studies (ICDS) (Egypt)	伊本·卡尔顿发展研究中心	埃及
55	Arava Institute (Israel)	阿拉瓦研究所	以色列
56	Center of Strategic and Futuristic Studies (CSFS) (Kuwait)	战略与未来研究中心	科威特
57	Lebanese Center for Policy Studies (LCPS) (Lebanon)	黎巴嫩政策研究中心	黎巴嫩
58	Van Leer Jerusalem Institute (VLJI) (Israel)	凡莱尔耶路撒冷研究所	以色列
59	Maurice Falk Institute for Economic Research (Israel)	毛瑞斯·法尔克经济研究所	以色列
60	Centre de Recherche en economie Appliquee pour le Development (Algeria)	经济发展研究中心	阿尔及利亚
61	Kuwait Institute for Scientific Research (KISR) (Kuwait)	科威特科学研究所	科威特
62	Jerusalem Center for Public Affairs (JCPA) (Israel)	耶路撒冷公共事务中心	以色列

续表

排名	英文名称	中文译文	国家
63	Egyptian Center for Public Policy Studies (Egypt)	埃及公共政策研究中心	埃及
64	Al-Zaytouna Centre for Studies and Consultations (Lebanon)	扎伊图纳研究与咨询中心	黎巴嫩
65	Sheikh Saud bin Saqr Al Qasimi Foundation for Policy Research (United Arab Emirates)	谢赫政策研究基金会	阿联酋
66	Institut Francais de Recherche en Iran (IFRI) (Iran)	伊朗法国研究所	伊朗
67	Sheba Center for Strategic Studies (SCSS) (Yemen)	萨巴战略研究中心	也门
68	Tunisian Observatory for a Democratic Transition (Tunisia)	突尼斯民主转型观测站	突尼斯
69	Issam Fares Institute for Public Policy and International Affairs (IFI) (Lebanon)	伊赛姆·法尔斯公共政策和国际事务学会	黎巴嫩
70	Tawasul (Oman)	塔瓦苏勒研究所	阿曼
71	Center for Economic, political and Strategic Research (TESAM) (Turkey)	经济、政治和战略研究中心	土耳其
72	Arab Forum for Alternatives (AFA) (Egypt)	阿拉伯非传统论坛	埃及
73	Al Rai Center for Studies (Jordan)	《舆论报》研究中心	约旦
74	Arab Institute For Security Studies (Jordan)	阿拉伯安全研究所	约旦
75	Palestinian Center for Peace and Democracy (Palestine)	巴勒斯坦和平民主中心	巴勒斯坦
76	Jerusalem Institute for Policy Research (Israel)	耶路撒冷政策研究所	以色列

续表

排名	英文名称	中文译文	国家
77	Center for Turkey's Economic and Strategic Studies	土耳其经济与战略中心	土耳其
78	Centre for Mediterranean and International Studies（Tunisia）	地中海及国际研究中心	突尼斯
79	Economic Policy Research Foundation of Turkey（Turkey）	土耳其经济政策研究基金会	土耳其
80	Future Center for Advanced Researches and Studies（United Arab Emirates）	未来高级研究中心	阿联酋
81	Group of Studies and Research in the Mediterranean（Morocco）	地中海研究小组	摩洛哥
82	Al Sharq Forum（Turkey）	东方明珠论坛	土耳其
83	Maghreb Economic Forum（Tunisia）	马格里布经济论坛	突尼斯
84	Hammurabi Center for Research & Strategic Studies（Iraq）	汉姆拉比研究与战略中心	伊拉克
85	Lebanese Institute for Market Studies（Lebanon）	黎巴嫩市场研究院	黎巴嫩
86	Royal Institute for Inter – Faith Studies（Jordan）	皇家宗教研究所	约旦
87	Avinoam Bar, FKA Jewish People Policy Institue（JPPPI）（Israel）	阿维诺姆·巴犹太人政策研究院	以色列
88	Institute for Political and International Studies（Iran）	政治与国际问题研究院	伊朗
89	Jerusalem Institute for Strategic Studies（Israel）	耶路撒冷战略研究院	以色列
90	Istanbul Policy Center（Turkey）	伊斯坦布尔政策中心	土耳其
91	Jerusalem Institute for Market Studies（Israel）	耶路撒冷市场研究所	以色列
92	Center for Strategic Research（SAM）（Turkey）	战略研究中心	土耳其

续表

排名	英文名称	中文译文	国家
93	Kheireddine Institute (Tunisia)	海德雷丁研究所	突尼斯
94	Palestinian Centre for Policy and Survey Research (Palestine)	巴勒斯坦政策和调查研究中心	巴勒斯坦
95	PalThink for Strategic Studies (Palestine)	思想战略研究	巴勒斯坦
96	Organization for Denfending Rights& Democratic Freedoms (Yemen)	防卫权与民主自由组织	也门
97	Land Research Center (Jerusalem)	土地研究中心	耶路撒冷
98	Al-Shabaka: The Palestinian Policy Network (Palestine)	巴勒斯坦政策网络	巴勒斯坦
99	Le Center d' Etudes et de Recherches Aziz Belal (CERAB) (Morocco)	阿齐兹・贝拉尔研究中心	摩洛哥
100	Kohelet Policy Forum (Israel)	政策论坛	以色列
101	Arab Center for Scientific Research and Human Studies (Morocco)	阿拉伯科学与人研究中心	摩洛哥
102	Institute of National Planning (Egypt)	国家规划研究院	埃及
103	Confederation of Moroccan Enterprises (Morocco)	摩洛哥企业联盟	摩洛哥

后　记

随着中东地区地缘政治格局的剧烈变化，中东地区的热点问题和事件深受国际社会的关注，学术界涉及中东地区的研究议题日益多元化，选择中东地区智库研究与笔者的学习经历密切相关。2009—2012 年，笔者在国内首批 25 家高端智库之一的中国现代国际关系研究院攻读中东国际关系博士学位。在现代院学习的三年时间内，笔者不仅接受了博士专业训练，而且深刻感受到中国顶尖智库机构工作人员的专业水平和敬业精神。智库报告虽然只有区区千字，但是没有扎实的科研功底和长期的追踪研究，很难拿出精品力作，这也正是衡量智库机构研究人员功力的最佳评判标准。正是在始自学术、终及国家情怀的感召下，现代院的研究人员在各自的研究领域深耕细作，使得现代院的智库建设水平和学术声誉闻名遐迩。

博士毕业后 4 年，笔者又有幸进入中国社会科学院系统，跟随谢寿光研究员从事博士后研究，参加了多场智库发展的学术研讨会，聆听了专家学者的研究心得，体会到社科院在人文社科领域基础研究方面的深厚积淀。特别是 2018 年 4 月，笔者参加了在美国加利福尼亚州举办的国际研究学会第 28 届年会，开拓了国际视野，收集了最新的研究材料，并与中东地区的有关智库建立了联系。此外，通过参与中国社会科学院社会学研究所的有关数据平台建设工作，笔者也深入了解了社会学领域的研究动态，开始以社会学的视野观察中东问题，以跨学科融合的思路进行研究。这也是笔者最终确定以中东地区智库作为自己专著写作的缘由之所在。笔者以智库作为研究中东问题的切入点，希望能从中发现传统中东问题研究中所不为人注意的领域，构建全面系统的中东问题研究观，让自身的学术研究更有特色。

在本书稿的写作过程中，感谢一直陪伴在身旁的家人和好友们，科研上每前进一小步都离不开他们默默的奉献和付出，唯有加倍努力才能表达感激之情！

2020 年 10 月于北京